Manager au XXIe siècle

Groupe Eyrolles
61, bd Saint-Germain
75240 Paris Cedex 05
www.editions-eyrolles.com

Création de maquette : Hung Ho Thanh
Mise en pages : Compo Méca Publishing – 64990 Mouguerre

Merci à Géraldine Couget pour sa relecture attentive et utile, ainsi qu'à mon éditrice Marguerite Cardoso.

ISBN : 978-2-212-56096-1

Philippe **Détrie**

Manager au XXIe siècle

Un défi d'ouverture, d'agilité, d'attention, de coopération

Préface de Jean-Pierre Guichard
Président du directoire de Manutan International

EYROLLES

Préface

Voici un livre lisible, humaniste, joyeux, inspiré et inspirant...

Et bla-bla-bla

Manager, comment faisais-tu avant ?

Et blobloblo

Je suis heureux de préfacer l'ouvrage de mon mentor et ami. Enfin un livre qui « démanage » !

Jean-Pierre Guichard,
président du directoire de Manutan International

À MaLola

Pour ses encouragements, ses conseils et sa joie de vivre.

Remerciements

Cet ouvrage doit beaucoup à deux clients que j'ai connus lorsque je dirigeais Inergie, cabinet de conseil en management et opinion interne.

D'une part, Jean-Pierre Guichard, que j'ai eu le bonheur d'accompagner plus de dix ans lors de la croissance internationale de Manutan (spécialiste de la vente à distance d'équipements industriels et de bureau). Un homme tout à fait remarquable qui a su hisser son entreprise créée avec son père au rang de leader européen. Remarquable pour ses qualités de pragmatisme, d'ouverture sur le monde, de sensibilité et de convivialité. Je témoigne qu'on peut bien travailler sans se prendre au sérieux et que bonne volonté et bonne humeur sont des ingrédients aussi simples que stimulants dans le travail quotidien. La *baseline* de Manutan reflète tout à fait l'état d'esprit et le projet du groupe, de son fondateur et de ses collaborateurs : « Entreprendre pour un monde meilleur ».

D'autre part, Patrick Gruau, qui m'a confié la formation de l'ensemble de ses managers. Un patron impliqué à 200 % dans le développement de son groupe éponyme situé à Laval (cinquième génération de constructeurs-carrossiers). Sa proximité avec ses équipes et son leadership naturel en font un patron exemplaire. J'ouvre chaque séminaire par l'une de ses convictions : « *La qualité d'une entreprise passe par la qualité de ses hommes. La qualité des hommes passe par la qualité de son management.* » Cette citation mériterait une inscription au frontispice du temple du management s'il existait !

Ces deux groupes incarnent pour moi la conciliation nouvelle et donc rare de quatre exigences : le développement financier, économique, social et sociétal. Il fait bon travailler dans et avec leurs entreprises.

Jean-Pierre et Patrick sont devenus des amis. La publication de cet ouvrage leur doit beaucoup. Ils m'ont fait confiance, je les en remercie chaleureusement et leur adresse toute ma gratitude.

Merci aussi à tous ces contributeurs qui ont relu spontanément ma première version et l'ont enrichie de leurs commentaires pertinents et encourageants. Il est très précieux de pouvoir compter sur des correcteurs bienveillants et surtout efficaces pour un livre partagé !

– Annie Batlle, ancienne journaliste aux *Échos* et dirigeante, directrice de la collection « Égale à égal »

– Laurence Constant, adjointe au fondateur de la Maison du Management

– Thierry Denys, expert référent Agilité d'Orange Campus

– Céline Fouchard-Chantreuil, secrétaire générale adjointe au Conseil général de l'économie du ministère de l'Économie, de l'Industrie et du Numérique

– Pierre Fradin, directeur de cabinet du secrétaire général de la CNAMTS

– Jeanne-Marie Hallion, consultante, Coach Delta

– Jacques Jordan, ancien directeur de la communication de Michelin

– Sibylle de La Grand'Rive, directrice des projets RH de Lyonnaise des Eaux

– Brian McCarron, consultant-fondateur de BMC Conseil

– Chrystèle Poisson, manager à la direction commerciale d'Adecco

– Xavier Quérat-Hément, directeur qualité du Groupe La Poste

– Martin Richer, consultant en responsabilité sociale des entreprises, membre de Terra Nova

– Nicole Toutoungi, consultante en organisation et management, AD'Missions

– Leo Van Wersch, ancien président-directeur général de Procter & Gamble France

Merci aussi à tous ces contributeurs qui ont relu spontanément mes premières versions et les ont au fur et à mesure enrichies de leurs commentaires pertinents et encourageants. Cinq réunions se sont tenues à la Maison du Management dans le cadre d'une de nos activités : « Recherche & Innovation aboutissant à publication ». Cette R & D s'est parfois traduite en « Ratures & Débordements », mais quelle richesse et quel plaisir de mobiliser autant d'intelligences ! Très précieux de pouvoir compter sur des correcteurs bienveillants et surtout efficaces pour un livre partagé !

Sommaire

L'ouvrage en résumé

Mouvements de notre société impactant fortement le monde du travail

- → Conséquences sur le management des organisations
- → Impact sur le rôle du manager et qualités attendues
- → Trois bonnes pratiques managériales, nouvelles ou à renforcer : pour soi, pour son activité et pour ses équipes

1. Accélération

- → Difficulté à se projeter et à donner du sens dans un contexte complexe et incertain, nécessité de transformer, voire d'inventer les organisations devant le foisonnement et l'urgence, course à la vitesse d'exécution
- → Réactivité, pragmatisme, souplesse
- → Se dépasser, hiérarchiser l'important et séquencer l'action, aider ses collaborateurs à s'adapter

2. Mondialisation

- → Alignement des performances sur les meilleurs au monde, banalisation de l'offre, délocalisations, différenciation par l'innovation ou le service, structurations transversales et multiculturelles
- → Ouverture, excellence, créativité et goût du service, coopération
- → Être curieux, se comparer aux meilleurs, développer chez chaque collaborateur l'esprit de service

3. Révolution du numérique

- → Accès libre et immédiat à la connaissance et à la communication, source d'efficacité et d'innovations infinies (réseaux, applications, commerce en ligne, télétravail, gisements de données, plateformes collaboratives...), médiatisation de la réputation
- → Agilité numérique, capacité à apprendre, confiance
- → Ne pas perdre pied dans le numérique, chaque mois repérer sur le Net une idée nouvelle, entretenir des liens présentiels

4. Financiarisation de l'économie

- → Impératif de profitabilité, court-termisme, précarisation et dévalorisation du contenu du travail
- → Nécessité d'être performant, de trouver le sens à l'action et de pallier la distanciation vis-à-vis de l'employeur
- → Montrer sa valeur ajoutée, simplifier trois pratiques par an, partager un défi

5. Effritement des institutions et des idéologies collectives

- → Relativisation de toute autorité, individualisation des attentes vis-à-vis du travail, déhiérarchisation
- → Personnalisation du management, responsabilisation de chacun
- → Donner envie plutôt que décréter, libérer l'initiative, prendre en compte les « ABC » (attentes, besoins, contraintes) de chacun de ses collaborateurs

6. Féminisation du monde occidental

- → Nécessité de briser le plafond de verre, importance de la relation
- → Attention, dialogue, empathie, soutien
- → Limiter sa distance hiérarchique, favoriser le codéveloppement, consacrer quinze minutes par jour à l'écoute informelle

7. Développement durable

- → Montée des exigences de toutes les parties prenantes, responsabilisation sociétale des organisations, anticipation de ses impacts, essor de l'économie sociale et solidaire
- → Respect de la diversité et de l'environnement, sens éthique, souci des tiers et des plus vulnérables
- → Être exemplaire ou au moins irréprochable, mesurer l'impact de son management, engager son équipe dans une contribution sociétale annuelle

8. Montée de l'émotion sur la raison

- → Premier facteur des meilleures expériences clients, intégration de l'affectif et de l'opinion dans la vie de tous les jours
- → Intelligence émotionnelle et situationnelle
- → Savoir gérer et créer une émotion, s'améliorer grâce aux feed-backs et réclamations, prévenir et traiter les situations sensibles

9. Vieillissement de la population

- → Allongement de la vie professionnelle, cohabitation de plusieurs générations, valeur de l'expérience remise en cause par la numérisation
- → Développement de l'employabilité, cohésion des équipes
- → Jouer collectif, créer une dynamique métier intergénérationnelle, accroître la polyvalence de chacun

10. Émergence dans les pays riches du droit à la qualité de vie au travail

- → Relativisation de la valeur travail, recherche de développement personnel, d'équilibre de vie et de plaisir
- → Non-dévalorisation de l'échec, reconnaissance, convivialité
- → Être positif, améliorer chaque mois un élément de qualité de vie, générer l'enthousiasme

Synthèse

- → Une société au XXIe siècle de plus en plus ouverte, foisonnante, hybride, démocratique, en quête de bien-être
- → Des organisations qui seront plus agiles, plus collaboratives, plus responsables, plus communicantes
- → Des managers plus relationnels, plus entraînants, plus inspirants, qui donnent confiance et envie
- → Trente bonnes pratiques managériales opérationnelles : dix savoir-être, dix savoir-faire et dix savoir-accompagner.

Avant-propos

L'objectif de cet ouvrage est double : sensibiliser dirigeants, DRH et managers aux mutations de notre société qui « impactent » puissamment le management de nos organisations et conséquemment la fonction de manager. Et leur donner quelques pistes pour faire évoluer le management de leurs organisations et de leurs équipes.

Pourquoi ? Parce que de nombreuses organisations prennent du retard sur la société civile et sur la qualité de leur management. Et parce que beaucoup de managers ne vont pas bien.

Grande ambition, à la vérité. C'est un essai. Un simple essai pour éclairer et pour inciter à une action adaptée à notre monde et à notre temps. Il s'adresse à tout manager, du dirigeant au chef d'équipe, qui, quels que soient le niveau de responsabilité et la position hiérarchique, a la mission d'animer une équipe. Il veut favoriser à la fois la réflexion et l'action. Ce n'est ni une thèse sur le changement du monde, ni un guide pratique ou un livre de recettes, encore moins un manuel d'intellectuel... La finalité est de faire progresser le management des hommes et des organisations : la valeur partagée est notre intérêt commun. C'est de la richesse utile pour tous, c'est du mieux vivre au travail pour chacun.

Le manager est absorbé sans répit par l'opérationnel. Il s'agit de lui proposer du recul, de lui faire appréhender les métamorphoses de notre environnement et les impacts sur le management de nos organisations et sur sa fonction de manager, de l'inciter à découvrir son nouveau profil et les qualités attendues, et surtout de lui donner des pistes d'action pour les mettre en œuvre. Car ce ne sont pas les idées qui comptent (huit cents ouvrages sur le management en France par an, dont celui-ci !), mais ce qu'on en fait.

Je me suis heurté à trois difficultés :

— L'identification et la sélection des mutations de notre société au regard d'un seul critère : leur puissance d'impact sur le monde du travail. Cela implique beaucoup de partis pris, que j'assume bien évidemment.

— Le choix des qualités qu'on attend dorénavant du manager. Leur mise en avant n'occulte pas celles traditionnelles du manager qui sont en réalité pratiquées et promues depuis des siècles par les sages de la Grèce, du Tibet ou de l'Inde : le respect, l'écoute, le discernement, la rigueur, l'intégrité, le courage, le charisme et bien d'autres... Elles sont toujours aussi nécessaires, mais ne suffisent plus. Et certaines sont moins impératives qu'auparavant : il n'est pas sûr que, par exemple, la modération, la patience, l'humilité..., soient des vertus à promouvoir à une époque où l'audace, la réactivité ou encore le leadership deviennent des principes d'action.

— Le titre de l'ouvrage. L'intitulé, *Le Manager du XXIe siècle*, décrit bien la globalité du contenu, mais pourrait paraître ambitieux et ne pas véhiculer de sens. J'ai été tenté par *Le Manager open*, qui caractérise mieux un profil attendu du manager, avec ses connotations d'ouverture (par définition), de modernité (mot porteur), de flexibilité (billet open)... Cependant, l'expression *open manager* n'était pas disponible. J'ai donc déposé à l'INPI (Institut national de la propriété intellectuelle) *Le Manager du XXIe siècle*®. Or l'écriture aidant, le titre *Manager au XXIe siècle* s'est peu à peu imposé : moins prétentieux, plus entraînant ; manager est aussi un verbe, et ainsi plus juste, car l'ouvrage traite pour une bonne part du management des organisations, et est pleinement en phase avec l'un de nos partis pris : « desmasculiniser » !

Cet ouvrage est structuré en dix chapitres indépendants. Chacun traite d'une évolution de la société et de ses conséquences en quatre parties :

1. En quoi consiste cette évolution ? Sa nature, sa puissance, son actualité ?

2. Quelles en sont les conséquences sur le management des organisations ?

3. Comment un manager est-il impacté par ces changements ? Quelles qualités, nouvelles ou à développer, sont attendues de sa part ?

4. Quelles recommandations peut-on conseiller ? Ces « bonnes pratiques » sont concrètes, expérimentées, faciles à mettre en œuvre, applicables aussi bien par le manager de direction que de proximité. Elles sont déclinées dans le cadre d'une évolution de la société, mais peuvent aussi être rattachées à d'autres. Elles sont au nombre de trois par chapitre : la première citée est relative au « savoir-être », au comportement personnel du manager ; la deuxième concerne ses méthodes de travail ; la troisième fait appel au collectif d'équipe et à l'accompagnement de chaque collaborateur. Chacune peut être adoptée rapidement par tout manager.

Que cette lecture enrichisse votre envie et votre plaisir de manager.

Introduction

Aujourd'hui, qui veut être manager ?

Comment assumer un rôle de manager dans un environnement aussi mouvant que le nôtre et pour des organisations gouvernées par la finance ? Si l'un des rôles du manager est de donner envie à ses collaborateurs de faire de leur mieux, comment, lui, se ressource-t-il ? Doit-il attendre que son chef le motive ? Va-t-il s'épuiser à importer l'angoisse et à exporter l'enthousiasme ? Quel soleil lui fera faire cette photosynthèse lui permettant de transformer le CO_2 du stress en O_2 du plaisir au travail ?

À terme, se dirige-t-on vers une raréfaction des vocations de manager ? La question est suffisamment grave pour nos organisations pour y réfléchir et rechercher des pistes d'action. Nous risquons tout simplement une désaffection de la fonction. Trois menaces se manifestent :

— La déstabilisation. Notre société se métamorphose. Le management des hommes et des organisations est fortement impacté par les changements puissants et irréversibles de notre monde. Que peut y faire un manager ?

— Le découragement. Nos organisations doivent se transformer. Mais elles réagissent souvent à ces mouvements en hypertrophiant la recherche d'efficacité au détriment – parfois de façon brutale – des salariés, des environnements, de la société. Les managers sont sommés d'exécuter, sans grande anticipation ni explication des enjeux. Éthique et dialogue ne sont pas non plus toujours au rendez-vous…

— Le désengagement. Nos managers se cherchent. La fonction de manager n'est pas toujours bien reconnue ni valorisée, particulièrement en France. Le manager aujourd'hui doit être un héros, investi de responsabilités de plus en plus nombreuses et exigeantes, garant de tout ce qui se passe dans son entité malgré des moyens limités et un environnement contraint…

Notre société se métamorphose

Nous vivons en ce XXIe siècle une transformation globale et radicale du monde. Dix mouvements sont à l'œuvre, dix tendances lourdes et irréversibles de notre société qui créent des répercussions profondes sur notre mode de travailler :

- accélération ;
- mondialisation ;
- révolution du numérique ;
- financiarisation de l'économie ;
- effritement des institutions et des idéologies collectives ;
- féminisation du monde occidental ;
- développement durable ;
- montée de l'émotion sur la raison ;
- vieillissement de la population ;
- émergence dans les pays riches du droit à la qualité de vie au travail.

Le choix de ces dix évolutions est un parti pris, le critère étant qu'elles sont, à mon avis, les plus marquantes pour nos façons de travailler. Leur ordre de présentation est intuitif, sans hiérarchie précise.

Bien sûr, d'autres défis bouleversent aussi nos sociétés :

– La faim dans le monde : 30 % de l'humanité souffre de la faim ou de multiples formes de malnutrition ; vingt-quatre mille personnes meurent de faim chaque jour. Que fait-on ?

– La croissance démographique : d'ici à 2025, nous serons trois milliards d'êtres humains de plus sur la même planète ! Avec quels impacts pour l'urbanisation (51 % dans le monde, 60 % prévus en 2030), pour nos besoins en eau ?

– Les progrès de la science : le développement des neurosciences, les nanotechnologies, la biologie synthétique, la révolution génétique… Toutes ces technologies accroissent l'éventail des possibles aussi bien dans leur potentiel bénéfique que destructeur : elles contribuent à diminuer les souffrances physiques, mais pas celles de l'esprit, au contraire, comme le souligne la sociologue Liah Greenfeld, qui parle de « mal-être moderne » et de l'augmentation des maladies mentales de 1 % à 20 % en un siècle.

– Les politiques de l'énergie et le réchauffement climatique : la priorité devient de « décarboner » l'économie.

– La raréfaction des terres agricoles : entre 1980 et 2005, les superficies n'ont progressé que de 4,5 %, alors que la population a crû de 45 %, créant érosion et salinisation, épuisement des sols, étalements urbains…

– Le surendettement des pays et ses conséquences peuvent conduire jusqu'au « *shutdown* ». En témoigne le quarantième budget déficitaire consécutif de la France : admettrait-on qu'une entreprise ou un ménage qui gagne 300 (milliards d'euros pour notre pays) dépense 380 chaque année ? Notre dette publique approche les 2 000 milliards d'euros, les intérêts de cette dette nous coûtent chaque année 45 milliards. Que faire ?

— L'affaiblissement du pouvoir politique, particulièrement en France, et le manque de leadership des politiques : ils suivent l'opinion publique plus qu'ils ne la convainquent ou ne l'entraînent. Les diagnostics sont partagés et les solutions connues, les passages à l'acte sont torpillés par les corporatismes et restent temporaires...

— L'accroissement des inégalités : est-ce le sujet d'actualité ? Plusieurs ouvrages[1] d'économistes, sociologues, démographes analysent l'impact de l'écart croissant des revenus et dénoncent la déconstruction de la solidarité de notre société.

— Le pouvoir de prescription et d'influence des enfants...

Cependant, ces métamorphoses concernent plus directement notre société civile que l'univers du travail.

Les dix challenges du XXIe siècle retenus bouleversent nos organisations et donc nos modes de management. Comment un manager peut-il faire face à ces bouleversements irréversibles et déstabilisants ? Quels sont ses niveaux de compréhension et d'appropriation ainsi que ses marges de manœuvre ?

Nos organisations doivent se transformer

Face à ces dix défis, nos organisations, qu'elles soient privées, publiques, associatives..., intègrent les conséquences de ces mutations par une réponse unanime : se transformer pour rester pérennes. C'est donc un enjeu de management. Je définis le management des organisations comme l'art de créer le contexte optimal pour mettre en œuvre une stratégie : structure et responsabilités, dispositifs et flux, processus, moyens, pilotage et gouvernance... Et le management des hommes comme l'art d'animer une équipe pour atteindre un objectif et de permettre à chacun de progresser (second volet souvent oublié). Nous sommes loin de la définition du livre vraiment bien nommé *Le Management pour les nuls* : « *la capacité à faire faire le travail par les autres* ». Ses auteurs prônent-ils le retour de l'esclavage ?

Comment fait-on pour se transformer ?

Depuis que le monde est monde, on cherche des modèles et des figures de management, des recettes. Le management n'est pas une invention du XXe siècle. Pierre Morin[2] écrit avec justesse que « *les Sumériens, les Grecs, les Romains ou les Égyptiens se sont posé les éternelles questions de management : comment répartir les activités ? Faut-il spécialiser moyennement ou beaucoup, centraliser ou décentraliser, se diversifier, distribuer ou investir, s'endetter ? Payer au fixe ou au variable ? Pas plus que nous, ils n'ont trouvé de réponses définitives à ces questions. Pour la bonne raison qu'il n'en existe pas : il n'existe chaque fois que des décisions plus ou moins risquées, plus ou moins pertinentes de managers confrontés à des situations différentes* ».

Ces questions restent toujours d'actualité. Mais les dix grands changements cités ajoutent des problématiques inconnues aux siècles précédents. Nous sommes passés d'une organisation verticale et hiérarchisée à un fonctionnement plus horizontal et fluide, qui se développe sous la forme de réseaux hétérogènes. Le commandement était une discipline, le management est devenu un art. L'organisation du XXIe siècle est d'un nouveau genre. Les traditionnels clivages entre clients, fournisseurs, partenaires, employés tendent d'ores et déjà à s'estomper. Le management évolue vers plus d'attention portée à l'homme, au contexte et aux impacts. Les nouveaux apports managériaux depuis le début de ce siècle en témoignent d'ailleurs :

— Thématiques : entreprise apprenante, développement durable, gouvernance, éthique, santé au travail, responsabilité sociale, diversité, employabilité, télétravail, management relationnel, intelligence émotionnelle, équilibre entre vie privée et vie professionnelle, résilience, génération Y[3] et seniors, plaisir et qualité de vie au travail...

— Pratiques : *e-learning*, coaching, 360°, *(reverse) mentoring*, *knowledge management*, *learning expeditions*, innovation participative, communication managériale, *lean management*, management par projet ou transversal, codéveloppement, *serious games*, *blended learning*, réseaux sociaux internes, *coworking*, MOOC[4]...

La plupart de ces méthodes, qui viennent après la panoplie des démarches qualité qui ont heureusement contribué à plus de rigueur et de conformité, sont axées sur l'interaction humaine et la coopération. Comme pour compenser la perte de sens due à ces mouvements nécessaires mais sans âme.

Les dix (r)évolutions profondes de notre environnement conduisent aujourd'hui les organisations à devenir plus agiles, plus collaboratives, plus responsables, plus communicantes. Le nouveau rôle du manager est d'accompagner à son niveau ces transformations inexorables. Mais est-il aidé, formé, associé ?

Nos organisations sont encore corsetées, contrôlantes. Elles préparent mal leurs managers. Elles demandent de construire du dur avec du fluide, d'être durable dans un monde qui bouge, de trouver du temps alors qu'on réduit le temps de travail et les effectifs. Elles nomment managers des salariés qui ont en fait performé dans d'autres fonctions. Et là, il y a un énorme quiproquo. L'obtention d'un poste de manager vient souvent d'une double méprise :

— La reconnaissance par l'organisation d'un travail réussi plus que d'une aptitude avérée. Comme le management ne s'enseigne pas, on le confie à des élites sélectionnées sur des critères intellectuels, beaucoup plus rationnels que relationnels. Le diplôme est ainsi privilégié sur le service rendu, l'ancienneté sur l'humanité, peu importe finalement la satisfaction du client ! C'est aussi la reconnaissance d'un profil à un moment donné. Le promu sera tenté de reproduire ses mêmes comportements et pratiques alors que tout bouge. Un management de qualité implique souvent une transformation de celui qui va l'exercer : si les organisations qui font évoluer les savoir-faire sont déjà rares, très rares sont celles qui font évoluer les savoir-être...

– L'acceptation par le promu d'en passer par cette obligation de management. Il préférerait les jouissances intellectuelles de la stratégie ou de l'expertise, mais il sait que l'alpinisme managérial est le chemin pour progresser en termes de responsabilités, de carrière, de rémunération... C'est ainsi qu'on découvre que nos MBA sont des « *Managers By Accident* »...

Les organisations continuent à nommer des managers qui n'en ont pas envie ou qui ne sont pas faits pour cela... Elles ne les ne forment pas toujours, elles préfèrent le compagnonnage implicite. Et quand elles forment au management, c'est à la va-vite (moyenne estimée à douze jours dans une vie professionnelle), avec des recettes de fast-food de consultants : un catéchisme d'aéroport ! Le manager une fois nommé est souvent (dé)laissé à son propre sort, le mieux accompagné bénéficiant uniquement d'une formation initiale uniforme et rapide, le plus aidé d'un bilan de compétences ou d'un coaching plus ou moins curatif. La fonction gagnerait à être plus soutenue et valorisée. Les organisations finalement s'occupent plus du manager qui va mal que de celui qui va bien. Comment ne pas être découragé ?

Nos managers se cherchent

Aujourd'hui, le manager cherche ses repères. Il subit le changement la plupart du temps. Il est sollicité plus pour réagir que pour réfléchir. Il a de plus en plus de mal à concilier de nombreuses et nouvelles doubles contraintes en matière de management :

— Obtenir des résultats définis pour la fin de l'année alors que le changement s'accélère chaque mois.

— Favoriser le collectif avec des collaborateurs à qui on demande d'être autonomes et qui d'ailleurs le souhaitent.

— Faire progresser ses collaborateurs au risque de les perdre : c'est tout l'enjeu de l'employabilité, puisque dorénavant plus une seule entreprise ne promet l'emploi à vie.

— Développer la proximité relationnelle avec chacun ; mais comment se tenir entre « contact et distance » comme le demandait Hubert Beuve-Méry à ses journalistes du *Monde* ?

— Consacrer du temps à chacun de ses collaborateurs quand la durée de travail diminue.

— Bâtir du solide et du stable dans les sables mouvants du changement permanent.

— Faire preuve de souplesse dans l'application des procédures.

— Être joignable à toute heure et partout, mais surtout ne pas sombrer dans l'épuisement professionnel.

— Appliquer et faire appliquer toutes les décisions de la direction, qui peuvent aller contre les valeurs du manager, comme le refus de nombreux managers d'EDF de promouvoir l'actionnariat interne. Que faire si on s'en remet au conseil d'Einstein : « *Ne faites jamais rien contre votre conscience, même si l'État vous le demande* » ?

Ces injonctions paradoxales créent des situations empreintes de masochisme et de schizophrénie. Jusqu'où le manager doit-il se sacrifier puisque dorénavant, réussir pour un manager, c'est faire réussir ? Déjà aujourd'hui, le manager doit tout faire : le résultat, le commercial, la production, la qualité, la sécurité, la bonne entente des équipes, leur employabilité, leur santé physique et morale, la convivialité... Il doit être pilote, commercial, gestionnaire, animateur, contributeur, développeur, coach, leader, communicant, ambassadeur, policier, pompier, assistante sociale et désormais psychologue... Tous les métiers du monde ! Et on ne parle pas des relations avec les clients, la direction, les fonctionnels, les syndicats... Ni de l'atteinte de ses propres objectifs.

L'alerte est lancée, le manager ne pourra pas tout faire, et encore moins tout et son contraire... Le sociologue Denis Monneuse[5] montre que ce malaise se traduit par un désengagement silencieux des managers (2 % des effectifs en 1950 en France, 20 % aujourd'hui) : l'augmentation des arrêts de travail. Le désengagement guette et par voie de conséquence celui de leurs collaborateurs. La base de données OBEA-Inergie (six cent mille salariés représentés) nous prévient. À la question : « Mon manager me donne envie de m'investir dans mon travail », 69 % répondent oui. Il reste que 31 % des salariés pensent le contraire... Les progrès à réaliser sont immenses !

Un environnement qui bouscule tout, des organisations qui courent derrière, des managers qui se sentent délaissés. On ne peut pas ne rien faire. C'est l'objet de cet essai. Car ces grands bouleversements peuvent aussi devenir source d'opportunités pour nos organisations et nos managers. Nous devons analyser tous ces mouvements pour apprivoiser le changement et mieux l'anticiper, pour adapter nos organisations à un nouveau mode de penser et d'agir qui incite au décloisonnement, à la flexibilité et au partage, pour faire évoluer l'encadrement grâce à des managers plus relationnels, plus entraînants, plus inspirants, qui donnent confiance et envie.

1. Accélération

- Difficulté à se projeter et à donner du sens dans un contexte complexe et incertain, nécessité de transformer, voire d'inventer les organisations devant le foisonnement et l'urgence, course à la vitesse d'exécution
- Réactivité, pragmatisme, souplesse
- Se dépasser, hiérarchiser l'important et séquencer l'action, aider ses collaborateurs à s'adapter

En quoi consiste cette évolution ?

Amusons-nous. Essayons de dessiner le graphique du progrès humain. En ordonnées (verticalement pour les littéraires), le nombre de nouveautés et de progrès réalisés dans l'humanité. Acceptons l'hypothèse généralement admise que plus de la moitié des savants que le monde a connus vivent aujourd'hui. Ce qui veut dire que la moitié des progrès de l'humanité est concentrée sur les cent dernières années. En abscisses, l'axe du temps. Pour se représenter l'accélération du temps, créons une homothétie entre le temps écoulé depuis la création du monde et la taille d'une pièce de 4 à 5 mètres de côté. Peut-être la longueur ou la largeur de votre salon.

La vie est apparue sur terre il y a quatre à cinq milliards d'années. Un mètre de votre salon représentera donc un milliard d'années, l'échelle étant de 10^9. Rapprochons-nous à toute vitesse d'aujourd'hui.

1. L'homme a quatre à cinq millions d'années d'existence : donc si vous vous collez à un mur de votre salon, notre espèce est apparue à 4 à 5 millimètres de l'autre bout de votre pièce, soit l'épaisseur, même pas de la plinthe du bas de votre mur, mais de la peinture de la plinthe !

2. L'invention de l'écriture date de cinq mille ans. Sur notre axe du temps, cela fait 5 micromètres (5 millioniêmes de mètre) : c'est le diamètre d'un cheveu ! Il faudra attendre que vous touchiez en fait le mur opposé de votre salon pour imaginer la courbe du progrès s'élever enfin, après 4,999995 mètres de platitude quasi absolue.

3. L'Amérique a été découverte en 1492, il y a plus de cinq cents ans : nous entrons dans l'unité des nanomètres (1 an = 10^{-9} mètre = 1 nanomètre). Impossible de voir à l'œil nu 500 nanomètres.

4. L'espérance de vie s'élève dans les pays occidentaux à quelque quatre-vingts ans, mettons cent ans pour arrondir notre optimisme. La courbe du progrès décolle enfin de l'axe des abscisses, puisque 50 % des savants que l'humanité a connus vivent encore. Il faut se positionner à 100 nanomètres du mur de votre salon pour assister enfin à l'élévation de la courbe du progrès.

Quels enseignements en tirer ?

— Si nous nous plaçons d'un point de vue stratosphérique, notre vie se mesure en nanomètres à cette échelle du monde. Ce que vous avez fait hier relève du picomètre (10^{-12}, soit un billionième de mètre) ! Nous sommes des infiniment petits ! Des nains ! Des nanomètres ! Bon, vous ne sortirez pas grandis de cette lecture et vous regarderez peut-être votre salon différemment…

— Plus sérieusement, le temps de Montaigne est bien loin, où l'humaniste avait écrit pour devise, sur la poutre au-dessus de son écritoire, l'adage latin de Térence : « *Je suis homme et crois que rien d'humain ne m'est étranger.* » Nous disions que plus de la moitié des savants que le monde a connus vivent aujourd'hui : combien en connaissons-nous ? Il nous est devenu impossible de tout connaître. Nous assistons à un feu d'artifice de la connaissance, à une accélération extraordinaire du changement : la courbe du progrès vient de faire un angle droit avec le temps et devient exponentielle. Elle a été horizontale des milliards d'années, comme une ligne d'horizon sans fin, quasi parallèle à l'axe du temps. Elle fait aujourd'hui l'objet d'une fulgurance verticale, d'un hyperfoisonnement, comme un geyser d'idées nouvelles.

— Ce mouvement de verticalisation qui reflète l'exubérance du progrès rétrécit terriblement notre perception du temps et crée un sentiment d'accélération foudroyante. Le temps n'est plus le même, il n'est plus ressenti comme linéaire, il est devenu éphémère et précaire, c'est le temps à grande vitesse. L'axe des abscisses n'existe plus. Le temps si horizontal, si fondateur, si ancré a explosé en un feu d'artifice de moments aussi provisoires que fugaces.

Nous entrons dans le temps de l'immédiateté, un temps véritablement intempestif qui, se réclamant de l'urgence, s'autojustifie par la promptitude même de son émergence. Cette accélération violente du rythme de la vie crée du stress et de la frustration, de la difficulté à se projeter. Le temps plus rapide fragilise nos ancrages, nos repères. Pire, il nous dévore. Le sociologue allemand Hartmut Rosa ajoute[6] que l'homme contemporain remonte désespérément une pente qui s'écroule : « *Nous fonçons pour rester à la même place, dans un présent qui fuit sans cesse.* » Vertige assuré. Il parle de « *la compression du présent* » : « *À l'âge de l'accélération, nous assistons à l'usure et à l'obsolescence des métiers, des technologies, des savoir-faire, des objets courants, des mariages, des familles, des programmes politiques, des éléments de langage, de la consommation…* »

Quelles conséquences sur le management des organisations ?

Difficulté à se projeter et à donner du sens dans un contexte complexe et incertain

Nos organisations doivent faire face à un déficit de sens face au tourbillon dû à la vitesse accrue et revenir à leur(s) finalité(s) : que souhaitent-elles apporter à la société ? Dans tous les exercices de « visioning », c'est-à-dire de définition de projet d'entreprise ou d'établissement, la question revient : si nous n'existions pas, que manquerait-il à nos parties prenantes ? Quelle est notre valeur ajoutée ? Et comment allons-nous vérifier régulièrement que nos apports correspondent toujours à un monde qui bouge à toute allure ? La veille est indispensable pour intégrer en permanence un monde qui change si rapidement. Plus la route s'accélère, plus les phares doivent porter loin.

Le long terme n'existe plus ! Le prédictible devient imprédictible, l'incertitude devient certitude. Ces inventions, créations, révolutions… et surtout leur rapidité d'émergence touchent tous les secteurs industriels, toutes les techniques et toutes les fonctions dans une organisation. L'accélération du changement entraîne *ipso facto* une diminution de la durée : celle de la vie des produits, des techniques, des méthodes, des périmètres, mais également celle des savoir-faire acquis. Il faut réagir immédiatement. Les ordres de Bourse se passent à la nanoseconde. La justice pénale, surdéterminée par les émotions populaires et sans cesse sous le feu de la mise en tension médiatique, est devenue un domaine particulièrement sensible à cette demande de réaction dans l'urgence.

Le sociologue et philosophe français Edgar Morin, créateur du concept de pensée complexe, le répète[7] : « *Avec la pensée complexe, on sait que l'inattendu arrive aussi souvent que l'attendu. Toute décision est donc un pari. C'est ce pari qui aide à bâtir des stratégies. Comme dans l'art militaire, qui se construit dans l'incertitude.* »

Nécessité de transformer, voire d'inventer les organisations devant le foisonnement et l'urgence

Le passé d'une entreprise n'est plus son futur, l'accélération fait vaciller toute projection et trembler les racines. Même Peugeot se rapproche des Chinois ! Autre exemple, le secteur des équipements téléphoniques : la violence des transformations bouleverse le marché mondial et ses acteurs en moins de trois ans.

La pérennité d'un système passe par sa capacité à évoluer. Or les organisations n'aiment pas le désordre et, par nature, s'appuient sur des références au passé. Karl Marx écrivait que les organisations tendaient toujours à se mettre en sommeil dogmatique. C'est un véritable oxymore que de parler d'organisation créative ! Nos organisations sont lourdes. Elles doivent dorénavant cultiver l'impératif du changement, non pas pour lui-même, mais juste pour subsister. Elles n'ont pas le choix, sauf peut-être pour des petits artisans dont la belle ouvrage s'ancre dans la tradition.

Nos organisations doivent devenir plus agiles, plus souples. Elles doivent se rapprocher plus du mobile de Calder[8] que du menhir de Carnac. Les grands chantiers d'organisation concernent aujourd'hui la transformation et la conduite du changement. Le philosophe Vincent Cespedes parle même de « jazzification[9] » de l'entreprise, de plasticité identitaire qui va au-delà de la flexibilité ou de l'agilité. L'expérimentation est permanente, l'immobilisme est une erreur et devient une faute. Plus aucune entreprise d'ailleurs ne promet l'emploi à vie, mais plutôt l'employabilité, qui est une véritable exhortation à l'autonomie et à la mobilité.

Cependant, le changement apporte aussi beaucoup d'opportunités. Il permet de se dégager de la gangue stérile de la certitude – l'écrivain Jean Rostand la définit comme une servitude[10] – et de créer des nouveaux produits et services… Le manager dispose ici des sources permanentes d'espoir et de différenciation, car tout se rejoue à chaque moment. Le changement, c'est la vie, et la vie naît du désordre. Aujourd'hui, le cœur du management n'est plus d'apporter de l'ordre, mais de la vie. C'est passer du mécanique au biologique. La vie plus que le process !

Course à la vitesse d'exécution

Le temps, c'est de l'argent, nous sommes d'accord. Mais plus encore aujourd'hui, le temps, c'est la vie ou la survie. Michael Dell, le fondateur de la société éponyme, nous a prévenus : « *En micro-informatique, le marché se partage en deux types d'acteurs : les rapides et les morts.* »

Le propos vaut pour l'économie. Le marché change à un rythme effréné, il n'est plus possible de conserver les mêmes méthodes qu'au siècle dernier. Nos organisations sont aujourd'hui gouvernées par l'urgence : transactions à la microseconde, comptes trimestriels des entreprises… Il faut gagner du temps sur le temps, c'est le siècle de la vitesse. Jack Welch, patron emblématique de General Electric, disait que lorsque la vitesse d'évolution du marché dépassait celle de l'organisation, la fin était proche…

Toutes les nouvelles transformations d'organisation se focalisent sur la rapidité et la réactivité : réponse immédiate au client, accélération des délais, vitesse de changement d'outils, réduction des durées de cycle… Quand Satya Nadella, le nouveau patron de Microsoft, décide un plan de restructuration (réduction de 14 % des effectifs), il réduit notamment les couches de management pour « *devenir plus agile et agir plus rapidement*[11] ». La vitesse est reine. Les start-up l'ont d'ailleurs bien compris : elles font appel aux investisseurs moins pour leur recherche que pour garder leur avantage compétitif d'innovateurs. Jean-Pierre Guichard, président du directoire de Manutan International, m'a confié un jour ce facteur clé de réussite qu'est la vitesse d'exécution : « *Pour créer une entreprise, l'idée fait le démarrage. Mais c'est l'investissement qui conserve l'avance.* »

Comment un manager est-il impacté par ces changements ?

L'environnement bouge, Bouddha l'enseignait il y a vingt-sept siècles : « *Il n'existe rien de constant, si ce n'est le changement.* » Ce qui change aujourd'hui, c'est l'accélération, la vitesse débridée. L'organisation se transforme ou s'adapte, quelquefois dans la difficulté. Quelles en sont les répercussions sur le rôle du manager ?

Réactivité

La première réponse face à l'accélération est triviale : ne pas s'endormir ! Il faut rester dans la course. La réactivité et la vigilance évitent l'ankylose de l'immobilisme qui tue toute rapidité de réaction, puis toute réaction. Aujourd'hui, comme on ne peut plus prévoir, on régule en temps réel. On compense, on ajuste, on équilibre… L'écoute clients devient une véritable réponse, non à la prévision, mais à l'imprévu. Ce n'est plus contrôler, mais disposer des moyens de corriger. L'impératif de satisfaction client légitime l'urgence de la prise de décision. Tout l'art du manager sera dans cette exigence de discerner le vite du trop vite, de ne pas confondre rapidité et précipitation, comme on peut le lire parfois dans le journal *L'Équipe*. C'est là une délicate frontière, un peu comme entre ténacité et entêtement.

Pragmatisme

La deuxième conséquence pour le salarié est que chacun ressent une véritable perte de repères. Tous les gourous du management répondent : il faut donner du sens. Mais que faire quand le sens est absent ou inconnu ? Le pragmatisme devient la vertu principale. Il faut accepter que le monde bouge vers un futur inconnu et ne pas caresser la nostalgie des réussites passées, qui deviennent rapidement plus passées que réussites. Kant nous dit qu'« *on mesure l'intelligence d'un individu à la quantité d'incertitudes qu'il est capable de supporter*[12] ». Nous avons tant de progrès à faire devant tant d'imprévisibilité !

Le rôle du manager n'est plus de réduire l'incertitude mais de la faire accepter et de l'accompagner. L'expert en management Hervé Sérieyx aime rappeler[13] la vision qu'ont les Canadiens des Français : « *Vous les Français, quand quelque chose marche, vous dites : "OK, ça marche en pratique. Mais en théorie ?"* » En France, on explique d'abord, on observe ensuite. Et combien de directeurs de marketing rêvent de pouvoir adapter le marché aux réalités de leur recherche… ! J'ai ainsi entendu un jour l'un d'entre eux dire : « *Je propose que nous restions confus jusqu'à ce que les faits nous donnent raison !* » Le manque de pragmatisme est notre travers, nos croyances sont plus fortes que la vérité, puisqu'elles sont notre vérité. Pourtant, elles limitent notre vision du monde. Contre le dogmatisme du temps lourd et linéaire, optons pour le pragmatisme de l'action vive et réactive !

Souplesse

Il y a longtemps que le cadre ne cadre plus rien ! Impossible de prendre sereinement une décision dans un environnement aussi tourbillonnant. Nous sommes revenus au sens premier du mot « cadre » : une structure rigide à l'intérieur de laquelle il y a le vide… Le manager d'aujourd'hui, pour lui-même comme pour ses équipes, doit faire preuve de souplesse et la promouvoir. Cette flexibilité concerne aussi bien la place de chacun dans une structure, son poste, ses collaborations... que sa façon de travailler. Juste un exemple : combien d'énergie et de temps a-t-il fallu pour faire admettre à un cadre que ce n'était pas s'abaisser que de taper lui-même sur un clavier ! Cette idée semble aujourd'hui vraiment saugrenue : un salarié qui n'accepterait pas d'utiliser un ordinateur apparaîtrait tellement en dehors du temps. Obsolète !

Trois bonnes pratiques managériales

Se dépasser

Le dépassement consiste à trouver en soi des ressources potentielles ou latentes pour atteindre un objectif plus exigeant que d'habitude. Il incite à deux actions bien concrètes : aller plus vite, faire encore mieux.

— La première action du manager est de questionner la routine confortable de processus bien maîtrisés au filtre des attentes de ses collaborateurs et de ses clients et de toutes les nouveautés techniques. Pas facile, à la vérité, de s'arracher de méthodes construites au fil du temps et devenues rassurantes. Chacun sait bien que les gens aiment le progrès, mais détestent le changement... Toutefois, la nécessaire rapidité des transformations implique la vitesse d'exécution. Le manager doit aller au-delà de son rythme de croisière, tout simplement pour ne pas être dépassé. Une idée d'action : se donner un objectif de gain de temps sur une tâche. Cela oblige à vérifier l'utilité de cette tâche et à trouver des moyens pour la traiter plus rapidement.

— Une seconde pratique, plus impliquante, vise à s'améliorer personnellement. Avec deux attendus du dépassement de soi : bien sûr, l'efficacité, mais aussi l'expression de toutes ses potentialités. Comment procéder ? Aussi simplement qu'un sportif : se donner des objectifs de progrès (commencer par des pratiques qu'on maîtrise) et prendre rendez-vous avec soi-même pour effectuer un point d'étape régulier. Baliser sa feuille de route, segmenter ses objectifs, se donner de la visibilité sur ce qui a été réalisé et ce qui reste à faire, et comme le martelait Jean-Claude Killy interviewé sur sa réussite de skieur olympique : « *travailler, travailler, travailler...* »

Hiérarchiser l'important et séquencer l'action

La drogue de l'action immédiate « shoote » nos emplois du temps. Se plier à l'urgence n'est-il pas une manière d'exister ? Quel bonheur de répondre sans s'arrêter à des dizaines d'e-mails ! Et quel plaisir qu'un résultat soit immédiatement perceptible ! « Enfin je vis, on me sursollicite ! Que ferait-on si je n'étais pas là ? Finalement, c'est moi qui deviens l'important. » Le manager peut proposer des réunions régulières de réflexion et d'action sur l'atteinte des objectifs. Et des modalités de travail très simples : interdire les portables en réunion, ne pas créer d'urgences inutiles, éviter de relever ses e-mails en permanence (deux fois par jour est déjà une bonne fréquence !)...

Il s'agit, face au mouvement brownien de l'accélération, de donner un mouvement régulier, un rythme choisi. Comment ? En créant des repères et des échéances et donc un cadencement, avec des temps d'action et de mise en perspective. L'objectif à atteindre est découpé en étapes régulières, chaque étape est une marche qui, une fois franchie, consolide la dynamique de groupe et crée de la confiance pour atteindre l'objectif.

C'est en mesurant et en valorisant régulièrement le chemin parcouru qu'on développe l'envie d'une route commune.

Aider ses collaborateurs à s'adapter

S'adapter à quoi, d'abord ? Les chercheurs du CERI (Center for Educational Research and Innovation) sont unanimes : le cerveau humain apprend mieux quand il expérimente, participe, propose de lui-même, plutôt que quand il reçoit passivement des connaissances de haut en bas. Et ce n'est pas une nouveauté : Socrate avait déjà compris que l'esprit était meilleur quand il était « accouché » et devait trouver lui-même les solutions. C'est ce que l'OCDE, mais aussi l'Unesco, appelle les compétences du XXIe siècle : « *plasticité, capacité d'interaction, esprit critique, créativité, force d'initiative* ». Aujourd'hui, ce sont les atouts les plus demandés par les employeurs et les plus utiles à la société connectée.

Beaucoup d'éléments entrent en jeu pour faire progresser une personne. Certains sont propres à l'individu : ses dispositions naturelles, son potentiel, sa volonté, sa persévérance… Sans oublier sa mise en contact avec les bons partenaires, avec un manager influent. C'est un élément essentiel : certaines qualités individuelles ne se révèlent qu'en interaction dans un environnement, qu'il soit favorable ou non… D'où l'importance de la qualité de l'organisation dans l'entreprise, du management, des relations sociales…

L'un des rôles du manager devient l'aide qu'il apporte à ses collaborateurs pour faire comprendre les mouvements économiques et sociétaux permanents et légitimer les compétences qu'ils doivent acquérir. Le filigrane de cette communication est que l'instabilité est devenue la règle et qu'il est impossible de ne pas prendre en compte l'environnement. L'incertitude ne doit pas conduire à l'immobilisme, c'est le mouvement qui permet l'équilibre, comme à bicyclette !

Attention ! Si l'explication d'un changement est toujours rationnelle, les perceptions le sont beaucoup moins : le ressenti l'emporte sur le compris, l'opinion sur la pensée. Il faut donc prendre du temps pour expliquer, rendre le changement désirable, communiquer de façon persuasive pour mobiliser les énergies et susciter l'action.

En plus de faire comprendre ce qui change, la mission du manager est de donner de l'énergie à chacun et de l'accompagner pour qu'il s'adapte à cette nouvelle donne, à ces nouvelles compétences, voire aux nouveaux objectifs... L'accélération réclame paradoxalement de donner du temps à chacun pour faciliter l'évolution des esprits et des méthodes de travail. Un environnement « capacitant » est toujours propice au développement du pouvoir d'agir des individus. Le double poste, le compagnonnage se sont transformés en un accompagnement plus personnalisé : coaching, tutorat, parrainage, mentoring... Toutes ces nouvelles approches contribuent à développer discernement et énergie. Une heure par mois consacrée à cette mission sera bénéfique.

L'enjeu est binaire : quand l'entreprise doit se transformer pour sa pérennité, le manager n'a que deux options : faire évoluer ses collaborateurs ou, si c'est impossible, les remplacer. Autrement dit, on change les hommes ou on change les hommes !

“ *Hâte-toi lentement, si tu veux réussir. Fruit précoce aisément se gâte.* ”

Suétone

Il faudrait écrire aujourd'hui : “ *Hâte-toi vivement, si tu veux réussir. Fruit pressé naturellement énergise.* ”

---

2. Mondialisation

- Alignement des performances sur les meilleurs au monde, banalisation de l'offre, délocalisations, différenciation par l'innovation ou le service, structurations transversales et multiculturelles
- Ouverture, excellence, créativité et goût du service, coopération
- Être curieux, se comparer aux meilleurs, développer chez chaque collaborateur l'esprit de service

En quoi consiste cette évolution ?

Paul Valéry l'avait anticipé[14] en 1945 : « *Le temps du monde fini commence.* » Marshall McLuhan l'avait confirmé[15] en 1967 : le monde est devenu un village planétaire (« *a global village* »). Le philosophe-sociologue parlait alors d'un monde unifié, où l'information véhiculée par les médias de masse fondait l'ensemble des microsociétés en une seule. Il n'y aurait selon lui désormais plus qu'une culture, une seule et même communauté « *où l'on vivrait dans un même temps, au même rythme et donc dans un même espace* ». L'ancien Premier ministre Michel Rocard écrivait pour sa part début 2000 : « *L'unification du monde est faite, qu'elle soit économique, financière, sociale, culturelle (par la musique et les vêtements), bientôt médicale (voyez les épidémies). Tout combat est mondial, nous n'avons plus d'autonomie… Nous ne gérons en France que nos archaïsmes.* » Verdict lucide et courageux. Nous pensons encore que notre pays peut s'extraire de l'interdépendance et conserver sa liberté d'action, comme si l'économie mondiale, les exodes humains, les nuages nucléaires, les pollutions des fleuves et océans connaissaient les frontières humaines... Nous sommes encore aux balbutiements d'une prise de conscience planétaire et de préoccupations communes sur nos ressources communes : eau, climat, environnement, santé...

Le philosophe Gilles Lipovetsky parle aujourd'hui de culture-monde[16] qui désigne le moment où le capitalisme s'est planétarisé et où le marché est devenu un modèle économique sans véritable alternative. Les écarts entre les sociétés se resserrent, mais la différenciation des individus et des styles d'existence au sein des mêmes sociétés s'accroît. Ce qui est en marche n'est pas une unification mondiale, mais des versions multiples d'une même culture-monde, fondée sur le capitalisme et la technoscience, l'individualisme et le consumérisme.

Concrètement, l'accélération du temps et l'explosion des moyens de communication ont anéanti l'espace. On est passé d'une civilisation du territoire à une civilisation du temps. Les frontières sont en voie de disparition, le monde s'homogénéise, le local est devenu le folklore, les distances s'estompent et on entend : « *Cet été, j'ai fait la Thaïlande en quatre jours. On a eu le temps de faire des courses chez Zara, H&M, Gap, Uniqlo... ou LVMH si on a les sous, on a trouvé des McDo et du Coca pour les enfants, les mêmes musiques anglaises, les mêmes voitures, on a "skypé" les copains tous les jours, le tout sans un sou grâce à ma Carte Bleue...* » Le monde est à portée de main, de doigt devrait-on dire. La proximité est totale. On peut voyager, partout, pas cher, sans grands efforts. La capacité à s'informer et à se déplacer très rapidement en n'importe quel point de la planète donne l'impression d'être dans le même lieu, dans le même « village ».

Dans cette mondialisation, les cartes sont redistribuées. Les parts du PIB mondial[17] évoluent à l'horizon 2050 : États-Unis (19 % en

2010 ; 14 % en 2050) ; Chine (13 % - 21 %) ; Japon (5,6 % - 2,7 %) ; Inde (5 % - 15 %) ; Allemagne (4 % - 2 %) ; et France (3 % - 2 %). Le Brésil comptera en 2050 pour 3 % dans le PIB mondial et sera à la cinquième place. La population de l'Afrique dépasse depuis 1995 celle de l'Europe, puis cela sera le tour de l'Amérique du Sud dans les prochaines années.

Nous assistons à la fin de cinq siècles de suprématie occidentale et de ses valeurs. En 2014 :

– Le plus grand centre commercial se trouve en Chine, qui redevient une puissance mondiale. Alibaba, le géant de l'e-commerce chinois, est la première place de marché mondiale en ligne et mobile en termes de volume de produits vendus. Créé en 1999, le site Internet réalise en 2014 la plus grosse introduction en Bourse de l'histoire.

– Six sur les neuf fonds souverains (entités qui gèrent les avoirs en devises des États) les plus riches sont asiatiques : le fonds de retraite norvégien est le seul européen, les deux autres sont les autorités d'investissement d'Abou Dhabi et du Koweït.

– L'édifice le plus élevé se situe à Dubaï (830 mètres, (re)voyez le film *Mission impossible – Protocole fantôme*, 2011), avant de céder la place en 2019 à la tour du Royaume à Djeddah (1 001 mètres).

– La plus grosse industrie cinématographique est indienne.

– Selon les années et les classements Forbes ou Bloomberg, le Mexicain Carlos Slim Helu et l'Américain Bill Gates se disputent régulièrement la place de l'homme le plus riche du monde.

La France n'est plus depuis longtemps le centre du monde. Nous sommes devenus un hameau, un lieu-dit dans ce village planétaire ! Les déclinologues essaient bien de nous alerter : notre pays régresse doucement et sûrement sur l'échiquier mondial. Et on continue à s'endetter tranquillement, nos enfants paieront ! Positivons. La mondialisation est un fait. La France doit vivre avec, il n'y a pas d'idéologie là-dessous. Notre très grande chance est que notre pays dispose d'un patrimoine extraordinaire et d'un immense potentiel de talents qui ne demandent qu'à vivre avec ! Profitons-en et ouvrons-nous au monde.

Quelles conséquences sur le management des organisations ?

Alignement des performances sur les meilleurs au monde

Imaginez la scène. Vous êtes le patron d'une société qui fabrique des tentes de camping. Le concurrent met sur le marché des tentes deux fois plus légères. Vous demandez à votre directeur de production de faire aussi bien. Il vous répond que ce n'est pas possible, car il faut revoir tous les achats, les machines, les processus et flux de production, la formation des équipes... Que faites-vous ? Vous êtes obligé de vous aligner sur cette nouvelle spécification. Et si un autre concurrent propose des tentes deux fois plus faciles à monter, vous donnerez encore raison à votre directeur marketing. Votre pauvre directeur de la production aura beau dire qu'il ne peut pas faire du zéro défaut avec du 100 % nouveau, il faudra bien offrir des produits aussi performants que les meilleurs, à moins d'être différents. C'est la loi de la compétitivité imposée par le système libéral dans lequel nous évoluons aujourd'hui et qui s'étend au monde entier.

La mondialisation a créé une concurrence planétaire : le périmètre de comparaison des organisations est devenu proportionnel à leur taille. Pour la plupart des secteurs, comme l'énergie, l'aéronautique, l'automobile, la chimie, l'université à présent... Les grands groupes n'ont qu'un horizon : le monde. Les « *world's best practices* » sont devenues le standard international véhiculé avec succès par les normes ISO. Et cela s'étend désormais en Europe à nos administrations, nos dispositifs d'éducation et médicaux, nos hôpitaux, nos services d'urgence, de recouvrement de l'impôt... Les États sont aussi concernés, encore empêtrés et étriqués dans leur périmètre national. Les fonctions publiques vont devoir aligner leurs performances sur celles des pays voisins : question non seulement d'efficacité, mais surtout d'efficience. Car pourquoi payer plus cher un service public identique ? Pourquoi le coût de l'assiette et du recouvrement de l'impôt s'élève à 0,5 % aux États-Unis ou en Suède et à 1,20 % en France ? L'alignement des performances sur les meilleurs est une demande sociétale grandement facilitée par les moyens de communication : le « *best in class* » devient l'étalon, le *benchmark* favorise la comparaison permanente, rendue plus facile avec la standardisation et la normalisation. La veille s'affirme comme une fonction stratégique pour que l'organisation reste apprenante et se hisse au niveau des meilleurs.

Banalisation de l'offre

La standardisation mondiale a banalisé l'offre. Les stations-service délivrent le même carburant alors que les enseignes diffèrent, Internet offre en quelques clics tous les produits de la terre, Amazon livre partout dans le monde, et demain peut-être grâce à des drones ! Le terrain de jeu est mondial et crée externalisations et délocalisations. Les usines sont en Asie, les *hubs* desservent plusieurs pays, les centres d'assistance sont « offshorés »... Aujourd'hui, la plupart de nos marchés sont saturés : le jeu de conquête est à somme nulle. Le marché est en forme de sablier ; seuls les haut et bas de gamme gagnent des parts de marché, comme dans l'automobile pour Audi ou Porsche au top, et Dacia ou Logan en première gamme. La concurrence est frontale et féroce, la souplesse de production n'y suffit pas, les processus sont copiés partout.

On ne peut attaquer les marchés de demain avec les organisations d'hier. Il faut créer d'autres structures, comme l'a fait Orange pour lancer Sosh, son offre mobile sans engagement. Ou lancer un nouveau produit-service dès que l'offre s'enkyste, comme l'a fait Travis Kalanick, fondateur d'Uber, qui ne trouvait pas de taxi à Paris : « *J'aime bien emmerder le monde, ou plus poliment, j'aime bien secouer le* statu quo *dans une vieille industrie et faire quelque chose de nouveau*[18]. » En plus, si cela devient un jeu de bousculer une offre existante qui dorénavant vieillit très vite…

Délocalisations

La délocalisation est très décriée en France. Pas si sûr qu'elle soit porteuse de tous les maux qu'on lui affecte. Bien sûr, la fermeture de centres de production entraîne des pertes d'emplois. Qui génèrent chez les salariés délaissés un profond ressenti de manque de reconnaissance du travail fourni et de leur valeur et qui les obligent à produire un puissant effort de montée en compétences ou de changement radical. Le concept de « destruction créatrice » de Joseph Schumpeter, qui enchante les spécialistes de la créativité, laisse souvent un goût amer aux chômeurs qui ne retiennent que le premier mot : destruction.

Cependant, il me semble que les avantages sont plus nombreux :

– Pour le consommateur : l'entreprise qui produit moins cher (main-d'œuvre peu coûteuse, meilleur accès aux ressources naturelles, fiscalité moins élevée, réglementations sociale et environnementale moins exigeantes…) peut vendre moins cher.

— Pour l'entreprise qui ouvre son marché en s'implantant sur le marché local : elle y dispose d'un avantage compétitif du fait de sa présence sur place.

— Pour le pays bénéficiant des délocalisations, en particulier les pays émergents : nouveaux emplois, transfert de technologie, enrichissement économique...

— Pour le pays délocalisateur : il crée bien sûr une nouvelle concurrence, mais cette dernière va freiner par son attractivité la tentation du protectionnisme, lui-même générateur de rente de monopoles locaux et donc d'affaiblissement de la compétitivité et du pouvoir d'achat au bout du compte.

— Pour la planète : application concrète du principe de lutte contre les inégalités.

La mondialisation, conjointement à la révolution technologique, conduit ainsi à une organisation très décentralisée : c'est le concept de l'entreprise étendue qui permet de coordonner les meilleures sources de produits et de compétences dans les divers points de la planète et d'être présents sur les marchés économiques les plus porteurs.

Différenciation par l'innovation ou le service

Alors comment se différencier ? Certains, comme le consultant en management Tom Peters, diront que l'amélioration (« *incremental business* ») est « *le pire ennemi de l'innovation* » (dans son ouvrage *Re-Imagine!*, Dorling Kindersley, 2003). Faut-il faire mieux ou faire différent ? Penser évolution ou révolution ? Promouvoir la religion de la qualité ou le culte du management par percée ? Les deux, mon général...

Gardons l'excellence et déployons-nous sur deux grandes familles d'offres :

L'innovation : le numérique en tête et toutes ses applications...

Le fantastique essor du digital génère de nombreux emplois à valeur ajoutée : architectes et analystes de traitement massif des données, experts du développement de logiciels et de capteurs, professionnels du marketing numérique, spécialistes du *cloud computing*..., tous ces métiers qui n'existaient pas il y a quelques années. Les organisations multiplient les démarches participatives[19] et les structures dédiées :

– Pernod Ricard voit BIG (Breakthrough Innovation Group) et propose de nouveaux modèles de consommation en « *hometainment* » (contraction de « *home* » et d'« *entertainment* »).

– L'i-Lab d'Air Liquide est un laboratoire qui a pour mission de contribuer à accélérer l'innovation et d'explorer de nouveaux marchés. Il crée le nouvel incubateur « Respirer dans la Ville ».

– La Poste lance ses POC (*proofs of concept*), réalisations courtes ou incomplètes d'une idée pour démontrer sa faisabilité. Elle fait ainsi émerger de nouveaux services postaux, comme les boîtes à lettres numériques, les imprimantes 3D...

Les services personnalisés

Ils sont innombrables, comme l'après-vente, les loisirs, les services d'aide à la personne... La différenciation par le service permet de contourner cette mondialisation, puisque le service est produit et délivré localement. Et il est proche du client, donc de l'usage. Il est enfin différenciant, dans la mesure où la capacité à identifier, cultiver et exploiter des compétences distinctives ou fondamentales ne peut être ni imitée ni égalée aisément.

Dans ces deux grandes familles d'offres, il est essentiel de faire face à l'embarras du choix du consommateur et à la surabondance du gratuit illimité. Il faut s'en démarquer, et plus qu'étonner le client, le « narcissiser ».

Structurations transversales et multiculturelles

Les organisations pyramidales sont actuellement critiquées, au bénéfice de la nécessité de structures plus flexibles. Elles existeront toujours, de même que certains principes qui ont préludé à leur construction, comme l'unicité de commandement. Cependant, elles se doublent, ou plutôt se dédoublent, de structures projet. Pour deux raisons :

D'une part, l'entreprise pyramidale passe à l'entreprise polycellulaire. Le lourd paquebot fait place dorénavant à une flottille de vedettes rapides, cent fois plus manœuvrables. La centralisation des décisions, des moyens, des réponses au client…, devient beaucoup plus délicate dans un environnement global, fragmenté, imprévisible. La logique de silo correspond désormais à une stratégie de solo. Elle n'est plus suffisante pour répondre à la multiplicité des situations. Le multi-« *small is beautiful* » favorise la réactivité, la proximité, l'initiative. L'*open business* (ou organisation ouverte ou entreprise étendue) émerge déjà, et avec lui son lot d'innovations, mais également de transformations internes. L'organisation ouvre son mode de fonctionnement à l'ensemble des interlocuteurs avec qui elle interagit. Culture d'entreprise, méthodes de management, tout autant que profils de manager et solutions IT facilitent cette transformation inéluctable de nos organisations et de leurs écosystèmes.

D'autre part, la mondialisation des économies produit un impact durable sur le management des hommes, des projets et des organisations. Si le collaboratif se limitait à des équipes pluridisciplinaires souvent de même culture, il implique à présent des équipes multiculturelles de croyances, valeurs, comportements, langues..., différents. Autant d'éléments qui peuvent compliquer la coopération et engendrer le culte d'un « *Homo superformus mondialis* », la globalisation gommant peu à peu les reliefs de chaque culture. Toutefois, ces éléments peuvent aussi générer un véritable avantage concurrentiel. Privilégier l'homogénéité et le clonage gaspille potentiellement les talents. La capacité à manager la diversité d'équipes internationales devient une des compétences clés. L'enjeu est de faire travailler ensemble des professionnels issus de disciplines différentes, donc de logiques et de modes de raisonnement différents.

On arrive aujourd'hui à une cohabitation du mode traditionnel et du mode projet, du vertical et de l'horizontal. La nouvelle architecture des organisations repose dorénavant sur deux principes : il faut des murs porteurs mais le moins possible, toutes les autres structures doivent être des ouvrants et non des cloisons. Isaac Newton l'avait anticipé au début du XVIIIe siècle : « *Les hommes construisent trop de murs et pas assez de ponts.* »

Comment un manager est-il impacté par ces changements ?

Ouverture

Le premier comportement à développer devant la mondialisation est l'ouverture. L'ouverture au monde, aux idées nouvelles, à la différence. Nous sommes façonnés par nos habitudes et souvent prisonniers de notre passé, de notre expérience, de nos croyances. Albert Einstein nous a prévenus : « *Il est plus difficile de désagréger un préjugé qu'un atome.* » Il faut lire, rencontrer, voyager, regarder, visionner, échanger, être en veille permanente... Encourager la confrontation, sortir de son cadre de référence, vouloir s'enrichir par les autres, accepter d'apprendre d'un collaborateur (il est souvent plus compétent sur son métier !). Observer surtout, comme le souligne Alex Ferguson, ancien brillant dirigeant du club de football anglais Manchester United : « *Je pense que peu de gens comprennent vraiment l'importance de l'observation. J'en suis venu à la considérer comme un élément essentiel de mes compétences en management.* »

Tout devient « open » : *open innovation*, *open space*, *open access* pour les scientifiques, *open education* aujourd'hui avec les MOOC... Le manager du XXIe siècle est ouvert au monde, aux autres, à la nouveauté, au changement, au dialogue, aux émotions, à la convivialité, à l'humour, à la vie... Il n'est plus autocentré, mais open. Il préfère les hommes et les relations aux outils et aux processus. Allez, open bar pour tous !

À l'inverse, éviter les contacts, rester dans son petit bureau bien fermé, participer le moins possible aux réunions, ignorer ce qui se passe à l'extérieur de son entité, déjeuner tout seul... conduit au rétrécissement intellectuel et psychologique. Vive l'oxygénation neuronale !

Excellence

Une fois identifiées les sources d'innovation et de progrès, il faut être au top. La mondialisation de la société implique celle du champ de comparaison. L'excellence devient la seule solution possible : tutoyer les meilleurs et les dépasser si possible. Ce sont les politiques qualité les plus exigeantes qui y conduisent. La recherche d'excellence passe dorénavant par l'intégration des clients, fournisseurs et partenaires dans la recherche d'améliorations et d'innovations de produits et services pour prendre en compte leurs idées, propositions et commentaires. Cette démarche les valorise, crée des liens et bénéficie à tout le monde.

Le manager a un rôle essentiel à jouer : prioriser la satisfaction des clients en toutes circonstances, même au détriment des process, à condition bien sûr que cela reste compatible avec la sécurité et la loi. L'excellence est à ce prix !

Créativité

« *Le futur n'est pas à découvrir, il est à inventer*[20] », écrivait l'industriel, philosophe et haut fonctionnaire français Gaston Berger.

Pour être innovant, il faut être créatif. Et pour être créatif, Apple nous y enjoint : « *Think different!* » Trouver de nouvelles idées se travaille. Pasteur disait que « *le hasard ne favorise que les esprits qui y sont préparés*[21] ». Nous sommes proches de la sérendipité, la rencontre ou découverte heureuse imprévue[22].

Entreprendre consiste à changer un ordre existant : ce n'est pas en améliorant la bougie qu'on a inventé l'électricité ! Il faut donc être prêt à changer son regard, à recueillir un maximum d'idées (le meilleur moyen d'avoir une idée est d'en avoir beaucoup), à accueillir toute divergence aussi saugrenue soit-elle (un groupe n'est jamais aussi créatif que pour dire qu'une idée n'est pas bonne !), à ne mobiliser son expertise qu'*a posteriori*... Et véritable injonction paradoxale, à faire confiance puisque, par définition, la pertinence d'une idée neuve ne peut se démontrer qu'une fois mise en œuvre. Le professeur du Collège de France Pierre-Michel Menger le souligne[23] : « *La particularité du travail créateur est l'incertitude quant au résultat. Il y a des tâtonnements, des révisions, des reprises... Ce sont d'ailleurs de véritables épreuves. On alterne les états d'enthousiasme, puis de contrôle lucide et froid... Jusqu'à la déprime parfois. Ce travail-là est à l'opposé de la routine. Après tout, l'un des critères économiques et juridiques de la valeur, c'est l'originalité.* »

Le manager réduisait l'incertitude, sa mission est dorénavant de l'accompagner.

Goût du service

Rendre service n'est pas notre fort en France. Dernière évaluation 2014 : le magazine américain *Condé Nast Traveler* publie le hit-parade des dix villes les moins accueillantes du monde. La France, alors qu'elle est la première destination touristique mondiale, réussit l'exploit d'y en placer trois : Cannes, Paris et Marseille ! Est-ce dans notre ADN si nous nous comparons aux Asiatiques, ou est-ce dans notre manque de formation, l'école ne nous apprenant pas à rendre service ? Le résultat est là : nous ne sommes pas les rois du service, de la gentillesse, de l'amabilité, mais plutôt les petits barons du « J'ai pas le temps ».

Le service est un état d'esprit. Il n'a pas bonne presse en France. Il est encore synonyme d'allégeance (*servitium* signifie « esclavage ») et rappelle les devoirs et obligations d'une domesticité subie. C'est dire si nos capacités de progrès sont grandes ! Le rôle du manager est ici fondamental : responsabiliser ses collaborateurs et créer de l'enthousiasme pour servir le client et prendre en compte ses « ABC » : attentes, besoins, contraintes. Les actions sont simples : accueillir (donner du temps), faire preuve de bon sens et de souplesse (préférer le client au process), cultiver la chaleur ajoutée[24] (montrer de la joie à servir son client, voire de la gratitude).

C'est une question d'état d'esprit, mais aussi de volonté : quand on veut, on peut. Winston Churchill l'a dit de façon plus élégante : « *When there is a will, there is a way.* »

Coopération

Le mode de fonctionnement des organisations devient horizontal. L'environnement de complexité grandissante interdit dorénavant les démarches autocentrées, la logique de silo, le clonage managérial, le chacun pour soi. Le challenge est lancé : s'ouvrir à toutes les parties prenantes et communiquer en permanence avec elles. Dans un monde hyperconnecté, il est devenu illusoire de garder pour soi une information. L'enrichissement vient dorénavant du partage de cette information et de l'influence ainsi exercée.

Nos organisations, excepté les grands groupes, restent encore timorées. Le croisement des cultures évolue peu : panachage, mélange, hybridation, brassage, métissage, alliance..., sont des mots chics mais toc, sans grand ancrage opérationnel. Les structures restent très hiérarchisées, alors que les méthodes à disposition sont nombreuses : management par projet, coworking, structures matricielles, groupes transversaux, réseaux sociaux, *knowledge management*, codéveloppement, partage des meilleures pratiques... Les systèmes de rémunération intègrent d'ailleurs peu l'aptitude à coopérer. Nos organisations prennent du retard par rapport à la société civile. Est-ce par absence de volonté, méconnaissance, ou manque de priorité ? Il est vrai que les difficultés sont nombreuses : corporatismes, réflexes communautaristes, préférence nationale... Pas facile de sortir de sa zone de confort culturel et de marier cultures personnelle, professionnelle, d'entreprise, géographique, linguistique... Une belle énergie est nécessaire.

Une organisation n'est pas une addition, mais une multiplication de compétences. Imaginez votre équipe de dix collaborateurs : si neuf se donnent à 100 % à leurs tâches et que le travail du dernier est nul, le résultat de votre équipe est égal à 0/10 et non 9/10. Un seul maillon défaillant, et l'ensemble ne vaut rien. Autre point de vue : prenons cent opérateurs qui travaillent sur une chaîne de montage. Chacun produit un excellent travail : 99 % de qualité. Mais 99 % x 99 % x..., en fait $99\ \%^{100}$, est égal à 36,6 % ! C'est-à-dire que vous, manager, constatez en bout de chaîne un tiers seulement de qualité collective !

Qui est responsable ? L'interfaçage est la cause. Gérer des hommes ne consiste pas à gérer seulement des individus, mais des relations entre eux. La coordination s'avère essentielle.

Aujourd'hui, signaler un dysfonctionnement est perçu comme une dénonciation. Nous avons été élevés avec ce proverbe : « *Chacun son métier, les vaches seront bien gardées*[25]. » Mais que faire quand le travail de l'un de vos collègues n'est pas à la hauteur de la prestation attendue ? Le laisser faire sous prétexte du chacun chez soi… ?

Un jour viendra où la non-assistance à collègue en danger sera une faute. De même qu'on punit la non-assistance à personne en danger et que plus récemment, avec l'ancien ministre Bernard Kouchner, on réclame l'assistance à pays en danger, la coopération interne deviendra un impératif.

Trois bonnes pratiques managériales

Être curieux

Qui a dit que la curiosité était un vilain défaut ? Drôle de dicton français. La curiosité traduit au contraire une attention portée au monde et l'envie de connaître. Souvent assimilée à l'indiscrétion, elle est critiquée. Alors qu'elle est vitale chez l'enfant et féconde chez l'adulte. Je proclame que c'est une belle qualité ! Dans le brouillard, vive le débrouillard ! « *La curiosité dynamise l'esprit* », écrivait Gaston Bachelard. Sans curiosité intellectuelle, on se rétrécit. On se condamne à passer à côté des progrès réalisés ailleurs. Pour un manager, il est essentiel de rester apprenant, d'être en veille, de vouloir s'enrichir par les autres et particulièrement par ses collaborateurs qui n'en seront que plus motivés. Bernard Arnault, le P-DG de LVMH, a salué en premier cette qualité lors du décès le 31 août 2014 d'Yves Carcelle, une grande figure du luxe : « *Toujours curieux, passionné, en mouvement, il était l'un des meneurs d'hommes les plus inspirants qu'il m'ait été donné de rencontrer.* »

La mondialisation impose de sortir du pré carré de son activité et de la lourdeur enfermante de ses propres automatismes et certitudes. Jean-Jacques Rousseau nous y invite : « *J'aime mieux être un homme à paradoxes qu'un homme à préjugés.* »

Les actions sont multiples : rencontrez des personnes de votre profession ou en dehors, lisez des livres, nourrissez votre culture générale, rejoignez une association de bénévoles, intéressez-vous à d'autres métiers, d'autres pays, d'autres nationalités... Lisez l'excellente bande dessinée *Platon La Gaffe*[26], où tous les salariés de la COGITOP, dont la devise est « *Un service, des cerveaux* », sont des philosophes célèbres... Voici des façons joyeuses de s'exposer à la diversité du monde, et c'est fou ce qu'on apprend !

Se comparer aux meilleurs

Bien sûr, vos équipes vont se rebeller contre cette mise en tension permanente. Mais a-t-on le choix de s'y soustraire ? Les exigences d'aujourd'hui sont les standards de demain. Ce qui apparaît comme inatteignable ici est déjà mis en œuvre là-bas. Autant travailler dès à présent sur ces pistes de progrès : d'abord identifier les meilleurs dans le domaine de vos prestations (un réel benchmarking), puis mesurer l'écart entre l'activité de votre entité et celle des meilleurs, et rechercher en équipe vos propres réponses.

Développer chez chaque collaborateur l'esprit de service

Le directeur qualité du Groupe La Poste souligne dans son livre[27] que la mise en œuvre de l'esprit de service fait face à trois défis : la gestion de la durée, le rôle des directions des ressources humaines et celui des managers. Et il propose deux conseils tirés de son expérience : « 1. Prendre rapidement en compte les irritants opérationnels rencontrés par les collaborateurs. 2. Redonner des marges de manœuvre aux équipes, parier sur leur capacité d'initiative, donner des preuves de confiance. »

Je signe. Faire bien n'est plus suffisant, il faut faire ce qu'attend le client. Il faut préférer le client au métier. Et donner à chacun l'autonomie et l'envie nécessaires pour faire face aux situations atypiques et ne pas provoquer une réponse que j'ai déjà entendue : « Je ne prendrai des initiatives que contraint et forcé. »

Oser, c'est ne pas avoir peur de perdre pied un temps. Ne pas oser, c'est perdre une partie de soi-même.

Soren Kierkegaard

3. Révolution du numérique

- Accès libre et immédiat à la connaissance et à la communication, source d'efficacité et d'innovations infinies (réseaux, applications, commerce en ligne, télétravail, gisements de données, plateformes collaboratives...), médiatisation de la réputation
- Agilité numérique, capacité à apprendre, confiance
- Ne pas perdre pied dans le numérique, chaque mois repérer sur le Net une idée nouvelle, entretenir des liens présentiels

En quoi consiste cette révolution ?

C'est un lieu commun de parler de l'essor prodigieux de la communication qui, jointe à la mondialisation, engendre une proximité extraordinaire. Les progrès fantastiques apportés par les TIC créent une omniprésence de la communication : surinformation, instantanéité, immédiateté. Pas besoin de plaidoyer, nous le vivons tous les jours. Les ondes radio et télévisées ainsi qu'Internet ont définitivement débordé les cadres nationaux. Le monde virtuel est dans notre poche avec un réseau fort de trois milliards d'internautes, soit 40 % de la population mondiale (quarante-cinq millions d'internautes en France), contre seulement 6 % en 2000. Apple et Google sont devenues en moins de vingt ans les deux marques les plus puissantes au monde[28]. Bienvenue dans le *cyberspace* : je maile, tu textotes, il ou elle tweete, nous skypons, vous bloguez, ils ou elles réseautent, nous sommes tous des *geeks*... Le monde est encore plus petit que nous le pensions, il tient dans notre smartphone, qui, en plus, intègre notre vie privée (contacts, photos, communications personnelles...) : qui aurait pu imaginer une telle révolution au siècle dernier ? Le troisième pays au monde s'appelle Facebook (créé en 2004 !) avec un milliard trois cent mille connectés actifs. En 2020, il est prévu que plus de deux cents milliards de capteurs et de terminaux soient en circulation. « *Le collectif passe par le connectif* », prévient le philosophe Michel Serres dans *Petite Poucette*[29].

Cette explosion de la numérisation multiplie les usages et les applications, surtout dans les pays développés, au risque d'accentuer localement la fracture numérique et sociale, ainsi que le fossé entre les générations (nous en reparlerons au chapitre « Le vieillissement de la population »). Tous les secteurs sont concernés : l'agriculture de précision, la programmation et l'automatisation des machines, le contrôle des flux, aussi bien de matières premières que de circulation ou d'argent, la facturation, le commerce à distance et les télérelèves, la télémédecine, l'information, la gestion de multiples bases de données, la Bourse, la robotique et les usages militaires, et même votre déclaration d'impôt... Bienvenue dans la numérisation du monde et dans les avantages de la personnalisation, à condition de respecter la protection des données personnelles qui, autrefois collectées par les services de police nationaux, sont désormais stockées par des plateformes comme Google.

La révolution Internet est comparable à la révolution industrielle, à celle de l'imprimerie, à celle de l'écriture ou encore à celle du néolithique. Infinies sont les conséquences sur la vie de nos organisations comme sur celle de notre société civile, qui se voit doter d'une capacité d'auto-organisation aussi forte que souple. Allons-nous vers une nouvelle humanité ? Les succès des prises de parole citoyennes en sont un exemple : le site Bleu Blanc Zèbre de l'écrivain Alexandre Jardin, le Parlement des invisibles du sociologue Pierre Rosanvallon, toutes les pétitions en ligne… L'un des rêves de l'humanité se réalise : le *hic et nunc* (« ici et maintenant ») devient le partout à tout moment.

Larry Page, président de Google, lors d'une conférence TED[30] à Vancouver en mars 2014, déclarait que des avancées majeures dans la recherche de contenu, cœur du métier de son entreprise, sont réalisées dans le domaine de la cognition. La firme multiplie désormais les investissements dans l'intelligence artificielle : Ray Kurzweil, le directeur de recherche de Google, un des grands théoriciens du transhumanisme, parle de « cerveau augmenté »… Vite, une extension !

Quelles conséquences sur le management des organisations ?

Accès libre et immédiat à la connaissance et à la communication

L'accès libre et immédiat au savoir, à l'échange et au partage remet en cause le statut des sachants. C'est le défi de l'entreprise apprenante et du *knowledge management* : « apprendre à apprendre », comme le demandait pour l'école Michel Serres, anticipant une révolution numérique devenue aujourd'hui une évidence. L'explosion des moyens de communication à distance et leur gratuité créent l'égalité devant le savoir. Chacun peut être aussi bien informé que le voisin, l'enjeu est de co-construire une base de connaissances commune pour partager une vision commune des enjeux de l'entité, des nouveautés technologiques, de l'actualité du marché… Quatre-vingt-dix pour cent des six cent quarante-cinq experts WISE[31] interrogés sur le profil de l'école en 2030 estiment que l'éducation tout au long de la vie deviendra le modèle. La mobilisation collective des sources d'information et des analyses favorise une entité plus intelligente et apprenante. Le savoir s'accroît quand on le partage : 1 + 1 = 3 ; la rencontre de deux idées en génère une troisième, voire plus ! La participation à la capitalisation des savoirs et à leur mutualisation devient un atout significatif.

Ce n'est plus le savoir qui compte, c'est la navigation dans le savoir qui devient la discipline importante de notre XXIe siècle. Selon l'OCDE (Organisation de coopération et de développement économiques), 80 % du savoir est disponible en dehors des institutions éducatives. L'information n'est plus un capital dont chacun est jalousement propriétaire, c'est un flux qui se partage. Or les organisations ont pris du retard par rapport à la société civile. Autant celles-ci étaient en avance pour le téléphone, l'ordinateur, le fax..., autant les personnes se sont équipées elles-mêmes de smartphones et de tablettes. Les premières communiquent principalement par e-mail, les secondes utilisent toute la panoplie : e-mail, réseaux sociaux, SMS, tweet, Skype... D'où l'émergence actuelle de la communication unifiée, qui redirige en temps réel toute forme de communication vers l'équipement le plus approprié, en tenant compte de la disponibilité du destinataire. Le numérique est finalement entré dans notre vie personnelle plus vite et plus profondément que dans notre vie professionnelle. Combien de salariés apportent désormais au travail leur propre maison, famille, projets personnels... avec leur smartphone ? Dire qu'on n'avait pas le droit il n'y a pas si longtemps d'apporter ses photos de famille dans son bureau... comme cela semble désuet !

Les marchés sont devenus conventionnels, nous vivons le siècle de la relation.

Source d'efficacité et d'innovations infinies : réseaux, applications, commerce en ligne, télétravail, gisements de données, plateformes collaboratives...

Le numérique est un « *tsunami managérial... Partout et en tout, la vitesse d'agression digitale est devenue supérieure à la vitesse de réaction managériale. Avec la digitalisation du monde, la conquête humaine de l'espace (la domination) et du temps (la planification) cède la place à la fécondation de l'espace (la germination) et du temps (la synchronisation) par les nouvelles technologies et leurs différents vecteurs : réseaux sociaux, forums, blogs, applications*[32]*...* ». Le verdict est clair : les organisations qui maîtrisaient, encadraient, mesuraient, contrôlaient..., dont les principes d'action reposaient sur la régularité, l'homogénéité, l'uniformité, doivent dorénavant intégrer la spontanéité, l'initiative, la diversité.

Une organisation ne peut plus fonctionner sans site Internet, sans base de données, sans télétransmission, sans Web 2.0, sans intranet... C'est une immense opportunité. L'investissement dans les TIC est l'un des principaux moteurs de compétitivité des entreprises. Ses apports sont immenses et multiples :

- saisie, analyse et réutilisation d'une masse démesurée de données pour une meilleure connaissance des clients et la personnalisation des offres ;
- meilleure connaissance de l'environnement et réactivité plus forte ;
- amélioration de l'efficacité de la prise de décision permise par une veille stratégique plus performante ;
- nouveau circuit de distribution grâce au commerce électronique ;
- organisation moins hiérarchisée, partage d'information, formation déployée avec les MOOC ;

- travail à distance ;
- pour les créations d'entreprise, le *crowdfunding* ou financement participatif ;
- plus large diffusion de l'image de marque de l'entreprise…

L'accumulation et la finesse des données recueillies, jointes à l'extraordinaire puissance et rapidité de capacité de traitement, ouvrent des méga-opportunités, on pourrait même dire des giga-opportunités ! Aujourd'hui, le *cloud computing* (stockage virtuel) se développe aussi rapidement que le *big data* (capacité à extraire de l'intelligence d'un gisement de données). Le gisement des données non seulement ne s'épuise pas comme les autres ressources, mais prolifère en outre à un rythme exponentiel. La constitution de bases de données est un véritable magot, le *datamining* est le nouvel eldorado !

C'est un feu d'artifice : en 2002, notre société a pour le première fois produit plus de données que l'humanité depuis sa création. Tous les outils connectés recueillent à chaque instant une infinité d'informations personnelles. Plus de 95 % de l'information produite dans le monde est désormais d'origine numérique. L'essor de l'e-commerce fait le bonheur des consommateurs : en 2013, cent quarante mille sites actifs en France ont généré 51 milliards d'euros de chiffre d'affaires selon la Fevad (Fédération e-commerce et vente à distance). Le statisticien Thierry Vallaud estime[33] à cent trente-trois milliards le nombre d'e-mails envoyés en 2013 en France, dont soixante-dix-huit milliards n'ont jamais été ouverts, soit 60 %.

Détailler tous les bénéfices de la numérisation nous semble impossible, en raison de leur multiplicité et de leur renouvellement perpétuel. Focalisons-nous néanmoins sur deux d'entre eux, qui créent un fort impact sur la conduite de nos organisations.

Le travail à distance

Le télétravail est devenu un nouveau mode de travail que 9 % des Français pratiquent déjà régulièrement[34]. Les avantages sont multiples pour les salariés comme pour les organisations et le pays : meilleures conditions de vie et de travail, moins de transports, moins de stress et de fatigue, accès aux handicapés, diminution de frais généraux, lutte contre le réchauffement climatique… et surtout meilleure productivité.

Il présente cependant deux inconvénients fréquents :

– Pour le télétravailleur, le sentiment de solitude et la perte de la relation avec les collègues. Le management à distance conduit à une déspatialisation que proximité managériale et communication RH renforcée doivent compenser.

– Pour le manager, la peur de ne plus contrôler ses collaborateurs. C'est sans doute la difficulté mentale la plus importante des managers et de la direction. On ne travaille plus au même moment et dans le même lieu : le management devient asynchrone et ubiquitaire. Mais les outils de travail collaboratif, les logiciels de conduite de projet, l'alternance télétravail et présentiel rendent obsolète le contrôle de visu si les échanges et le dialogue sont maintenus. La nouvelle donne relative au temps, à la durée et au lieu de travail va vraisemblablement faire exploser le droit social.

Les plateformes collaboratives

Arun Sundararajan, professeur à la New York University, déclarait en juillet 2014[35] que, grâce à la révolution numérique et depuis une dizaine d'années, nous assistons à « *l'émergence de nouvelles institutions qui facilitent une plus grande variété d'échanges économiques directs entre agents économiques individuels. Ces institutions constituent des hybrides entreprise-marché qui centralisent certains aspects de la transaction (comme le "branding", la confiance et les paiements) tout en en décentralisant d'autres (comme la fixation des prix, l'infrastructure d'approvisionnement et la fourniture des services).* » Et de citer de nombreux exemples de plateformes, comme Airbnb, BlaBlaCar, Etsy, Uber..., certaines spécialisées dans le financement : AngelList, KissKissBankBank... Ces réussites, encore modestes mais bien réelles et surtout ancrées dans l'économie traditionnelle, sont porteuses de nombreuses interrogations : quelle place future pour tous les traditionnels distributeurs et intermédiaires ? Quel sera le résultat de la migration naissante de l'entrepreneuriat et de l'innovation vers ces nouveaux hybrides entreprise-marché ? Qui prendra le leadership de cette économie entre particuliers, de cette désintermédiation ? Car le constat est simple, comme le dit Brian Chesky[36], cofondateur d'Airbnb : « *Avant, il y avait des gens et des entreprises. Maintenant, nous sommes dans un monde où les gens peuvent devenir des entreprises en soixante secondes.* »

En interne, les organisations inaugurent aussi des formes hybrides de travail qui remettent en cause la structuration en silos. Le Web 2.0 devait tout bouleverser il y a quelques années. On pensait qu'il allait créer nombre de débordements et de remises en cause personnelles. En fait, les salariés n'utilisent pas les réseaux sociaux d'entreprise comme ceux qui existent sur la Toile : ils échangent sur leurs compétences et projets plutôt que sur leur vie personnelle. Le travail collaboratif doit être stimulé, mais aussi encadré, au risque de perdre le sens et la cohérence. Une plateforme offre de l'intermédiation, mais elle ne mène pas votre campagne ou votre projet. Les technologies 2.0, après avoir été assimilées à des outils dédiés à l'information et à la communication, impliquent aujourd'hui l'ensemble du corps social de l'entreprise grâce à leur dimension collaborative. Le réseau collaboratif interne permet de gagner en transversalité, mais peut aussi se révéler très cher.

Le professeur Michel Germain nous alerte : « *Il ne s'agit plus seulement de les mettre en place, mais surtout de réfléchir à leur usage et aux mutations qui seront nécessaires au sein de l'entreprise en termes de stratégie, de culture, d'identité et de structure pour permettre une e-transformation en profondeur*[37]. »

Extraordinaire révolution que le numérique. Tout devient mobile, nos organisations doivent être non seulement solides, mais désormais liquides. N'allons tout de même pas jusqu'à léviter dans un état gazeux, même si le *cloud* nous y invite !

Médiatisation de la réputation

Le nombre de sites, de médias, de communautés, de blogs… et la facilité de créer du « buzz » accroissent l'exposition d'une entreprise et fragilisent la construction de son image : une médiatisation subie peut détruire tellement vite une réputation ! D'autant que pour les médias, la polémique crée la vente. Le citoyen se déclare dorénavant l'égal des figures de l'autorité : il peut déclencher à tout moment une vague de protestations. Il devient infidèle dans ses habitudes de consommation de produits et de services, comme dans sa consommation de vote et de médias. Les reportages en caméra cachée dénonçant certaines pratiques de travail, par exemple chez Amazon et plus récemment chez Zalando en Allemagne (deux sociétés de vente en ligne), sont très néfastes pour l'image de ces entreprises, qui se veulent modernes et où il fait bon travailler.

La densité et l'intensité de l'information, et encore plus, de la désinformation, sont telles qu'aujourd'hui, il est difficile d'afficher une image stable et homogène. Les organisations ont raison de créer un poste de *community manager*, en charge à la fois de la présence et de l'e-réputation sur les réseaux sociaux.

La parole *corporate* fait place à de multiples émissions interstitielles, pas toujours fondées, et souvent dans le registre de l'émotion. Le droit à l'oubli numérique constituera peut-être un frein légitime à cette hypermédiatisation, pour l'entreprise comme pour le salarié : l'e-réputation est essentielle aussi lors d'un entretien d'embauche pour protéger sa vie privée.

Comment un manager est-il impacté par ces changements ?

Agilité numérique

La création permanente de nouveaux outils numériques et la rapidité de leur mise en application (c'est le cas de le dire…) sont vertigineuses. Impossible de rester performant sans maîtriser les nouvelles technologies.

Le temps du manager éternel est fini. Le permis de conduire les hommes n'est plus valable à vie. Il peut y avoir péremption. Il faut dissocier titre et fonction : ce n'est pas parce qu'on a été manager un temps qu'on est capable de l'être toute sa vie. L'axiome « *manager un jour, manager toujours* » n'est plus pertinent. Comme dans tous les arts ou disciplines, on peut vite décrocher. Un manager doit surfer sur les nouvelles technologies, son agilité numérique le gardera connecté ou à tout le moins lui évitera de se couper de ce nouveau monde loin d'être si virtuel.

Face aux bouleversements induits par le numérique, 87 % des salariés[38] considèrent que les outils numériques ont un impact positif sur la performance et 73 % sur eux-mêmes. Impossible donc de s'y soustraire : c'est la venue du manager digital. L'agilité devient une vertu cardinale.

Capacité à apprendre

Internet a décuplé le nombre de sources d'informations qui s'offrent à nous : immédiates, contributives, exhaustives... mais souvent inutiles, non vérifiées, redondantes. À quoi ressemble votre boîte courriel ? Combien d'e-mails non sollicités transforment votre boîte aux lettres en pourriel ? Trop d'information tue l'information, dit-on. C'est juste. Leur multiplicité incalculable crée une « infobésité » telle que l'analyse, le discernement, la prise de recul deviennent indispensables pour trier les flux gigantesques d'information et pour être capable de juger par soi-même. L'enjeu est la capacité à remettre en cause son savoir qui a très vite fait de se scléroser. Comment ? Changer son regard, sortir de son cadre, écouter ceux qui ont le moins d'expérience, ne mobiliser son expertise qu'*a posteriori*. Le mieux est de lâcher prise pour accepter d'être contredit, pour apprendre auprès des autres...

C'est là que le collaboratif prend toute sa place, car la compétence est devenue collective. La collaboration désignait l'action de travailler ensemble, le collaboratif est l'état d'esprit. Il requiert un effort, peut même être vécu comme menaçant. Mais il accorde aussi une complicité précieuse quand la situation complexe, à risque ou simplement urgente demande de se passer des modes opératoires quelquefois inopérants et d'apporter des solutions adaptées.

Confiance

La confiance renvoie à une attitude générale, rencontrée dans des circonstances multiples, et peut tout aussi bien concerner la confiance en soi que celle envers les autres ou envers la tournure que prendront les événements. Le mot évoque et recouvre quatre champs :

— Avoir confiance en soi, c'est se connaître, s'écouter et ne pas craindre de dire ou d'agir. C'est le sentiment qui fait qu'on se fie à soi-même. Cela évoque l'assertivité, la capacité à s'exprimer et à défendre ses idées sans passivité ni agressivité : ni hérisson ni paillasson !

— Donner confiance, c'est la susciter, à la fois inspirer et rassurer. Cette attitude est générée spontanément (« Il a une bonne tête ! ») ou dans le temps (« Il tient ses engagements », « Il est intègre », « Il est prévisible »...). Cela évoque la crédibilité.

— Mettre en confiance, c'est baliser le terrain psychologique et matériel pour développer l'autonomie d'autrui. Cela évoque la facilitation.

— Faire confiance, c'est déterminer son comportement sur la base d'un sentiment plus que sur un raisonnement ou que sur une recherche approfondie de preuves. Cela évoque le crédit, l'optimisme.

Les quatre déclinaisons sont essentielles pour bien vivre la révolution du numérique : le manager doit rester connecté, responsabiliser ses collaborateurs, particulièrement dans le travail à distance, faire progresser chacun et se montrer positif.

Un monde à haut débit impose des organisations et des managers à haut crédit !

Trois bonnes pratiques managériales

Ne pas perdre pied dans le numérique

Nous avons de la chance, tous les nouveaux outils sont là pour nous faciliter la vie. Leur convivialité et leur simplicité d'utilisation sont étonnantes, à tel point qu'aujourd'hui, plus personne ne lit un mode d'emploi. Le risque est de n'utiliser que 1 % des fonctionnalités : ce n'est pas trop grave en soi. Mais aujourd'hui, ne pas savoir se servir d'un ordinateur, d'un smartphone ou d'un GPS est plus que handicapant. Il s'agit de ne pas se laisser dépasser et de s'investir pour maîtriser *a minima* les outils que nos enfants utilisent de façon si naturelle. Le progrès court très vite, accrochons-nous !

L'action est double : mieux maîtriser ses outils (lisons au moins les modes d'emploi si nous ne voulons pas nous former) et se tenir informé des mises à jour et des évolutions marquantes. Cultivons l'esprit de « fitness numérique » !

Chaque mois repérer sur le Net une idée nouvelle

Le syndrome du « *not invented here* » guette beaucoup de personnes dans notre pays. On préfère réinventer la roue plutôt que reprendre une idée qui fonctionne ailleurs. Faire simple en France paraît si compliqué ! Regardons le nombre de nos lois et réglementations ! Et pourtant, des trésors d'ingéniosité sont disponibles à portée de main. Le groupe Accor a créé pour l'ensemble de ses personnels hôteliers le dispositif « Copier, c'est gagner » : une bonne idée reprise dans un autre hôtel est tout de suite abondée pour son créateur. Leroy Merlin a lancé « Selon vous », un site participatif pour recueillir les innovations attendues par ses clients : le forum en ligne compte quatre-vingt mille membres. Les résultats sont bénéfiques pour tous.

Comment faire ? Le manager réunit régulièrement (une fois par mois ?) son équipe pendant une heure. Il associe d'autres personnes d'horizons divers pour bénéficier du transversal et du multiculturel. L'objectif est de trouver des nouvelles idées à partir du recueil par chaque collaborateur d'observations réalisées sur la Toile. Cette incitation à rechercher de la nouveauté sur le Net favorise agilité numérique, ouverture sur le monde et accueil de pratiques originales.

Entretenir des liens présentiels

L'explosion des moyens de communication à distance crée l'égalité devant le savoir. Mais elle crée aussi l'isolement derrière son écran. L'hyperconnectivité déshumanise et peut asservir. La numérisation des rapports humains nous désunit au moins autant qu'elle nous rassemble. Le paradoxe est que plus on est à distance, plus il faut développer la proximité. C'est pourquoi il est essentiel de porter ses efforts sur la relation humaine. Le manager n'est plus un sachant, mais un communicant. Bien sûr, son premier objectif est de piloter son activité, mais sa valeur ajoutée vient aussi de sa capacité à gérer les relations au sein de son équipe et à créer du liant. Pas nécessairement un réseau ou une communauté, mais un réel collectif de travail. L'art de relier les personnes. Les sollicitations extérieures, la densité des emplois du temps, l'éloignement géographique, tout ce qui crée des obstacles à la communication implique plus de contacts, plus de présence.

Créer des rencontres régulières qui soient à valeur ajoutée pour chacun permet ainsi de renforcer lien et liant.

C'est l'importance aussi des propos phatiques, l'une des six fonctions de communication du langage selon le linguiste Roman Jakobson : « Il fait beau, allô, vous comprenez ?... » Cette fonction ne véhicule pas de message essentiel, elle est centrée sur la prise de contact et son maintien. Elle fait exister votre interlocuteur. Vous prenez le métro, vous croisez des milliers de personnes, elles n'existeront pas tant que vous ne les aurez pas saluées... Elle est souvent assimilée à parler pour ne rien dire, à un babillage de bambin. Cependant, la supprimer revient à nier l'existence de l'autre. Le rôle du manager est d'apporter de la proximité et de l'humain : vive les réunions conviviales, les « vous avez passé un bon week-end ? » et l'humour !

L'imagination est plus importante que le savoir.
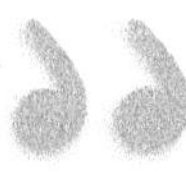

Albert Einstein

4. Financiarisation de l'économie

- Impératif de profitabilité, court-termisme, précarisation et dévalorisation du contenu du travail
- Nécessité d'être performant, de trouver le sens à l'action et de pallier la distanciation vis-à-vis de l'employeur
- Montrer sa valeur ajoutée, simplifier trois pratiques par an, partager un défi

En quoi consiste cette évolution ?

Au début des années 1990, Gary Lineker, l'entraîneur de l'équipe de football d'Angleterre, avait donné du ballon rond une définition restée célèbre et d'actualité : « *Le football est un sport inventé par les Anglais qui se joue à onze et où les Allemands gagnent à la fin.* » On pourrait être tenté de reprendre l'aphorisme pour l'adapter au management : « *C'est l'art d'animer une équipe pour atteindre un objectif et de donner les moyens à chacun de progresser, et à la fin c'est l'art de faire ce que vous impose… le financier.* »

La financiarisation a actuellement mauvaise presse. Pourquoi ? En raison de l'importance démesurée des activités financières (services de banque, d'assurance et de placement) dans l'économie mondiale. Elle s'explique par la multiplication exponentielle des types d'actifs financiers qui ne servent qu'à s'auto-alimenter. Ce qui fait peur est la créativité de l'ingénierie financière, car les sommes en cause sont colossales : si les profits sont énormes, il en va de même des pertes, les risques paraissant devenir hors de contrôle en cas de dérapage et de dérive financière. C'est aussi l'incapacité de nos gouvernements à arrêter le grand jeu mondial de l'optimisation fiscale. Le consentement fiscal des entreprises n'est qu'une utopie !

De nos jours, le CAC 40 appartient pour quasi la moitié à des étrangers et pour un tiers à des fonds de pension, ces deux chiffres s'accroissant régulièrement. La messe est dite : la rentabilité devient le critère de décision. Beaucoup dénoncent ce capitalisme dominateur qui dévore tout. L'argent gagne de l'argent sur l'argent sans qu'un produit ou un service soit généré pour tous. Il n'y a plus d'entreprise, c'est devenu un produit financier comme un autre. Il n'y a plus d'humanité, l'homme est assimilé à un moyen de production ou à un numéro de commande. Triste logique que cette richesse appauvrissante ! Serait-ce le seul impératif de notre monde ? Voulons-nous être de laborieux hamsters neurasthéniques ? L'homme politique altermondialiste José Bové a raison de dire que le monde n'est pas une marchandise. La déconnexion de la finance et de l'économie conduit à trop de dérives : la finance agit trop souvent contre l'économie réelle car elle « *trouve une meilleure rentabilité au casino de sa propre spéculation*[39] ».

La financiarisation dévalorise paradoxalement, comme l'avait anticipé Oscar Wilde : « *Nowadays people know the price of everything, and the value of nothing*[40]. »

À ceci, les tenants de la financiarisation répondent que le débat se focalise trop souvent sur ces brassages d'argent qui permettent de remuer nos peurs et sur les licenciements immédiats qui en découlent. Et que personne ne vient parler des embauches que ces restructurations autorisent quelques années plus tard, une fois l'entreprise remise sur les rails. Personne ne parle des innovations, de l'amélioration de la qualité et de la baisse du prix, au final, pour le consommateur. Ou tout simplement du financement des activités qui ont besoin d'argent, sa mission première. Et nous sommes d'accord avec le spécialiste du management en entreprise Peter Drucker, qui déclarait dès 1954 dans *The Practice of Management* : « *A company's primary responsibility is to serve its customers. Profit is not the primary goal, but rather an essential condition for the company's continued existence and sustainability*[41]. »

Je pense, comme l'écrit le romancier et essayiste Pascal Bruckner[42] dans son livre au titre suggestif *Misère de la prospérité*, qu'il faut « *remettre les activités marchandes à leur place et retrouver la place de ce qui n'est pas marchand : il en va tout simplement du sens de nos vies* ». S'il fallait choisir entre « la Bourse ou la vie », ma réponse serait immédiate.

Quelles conséquences sur le management des organisations ?

Au-delà du débat, voire du clivage, que crée la financiarisation de l'économie, celle-ci reste un fait et génère trois effets majeurs sur le management de nos organisations.

Impératif de profitabilité

La première conséquence est la recherche de la performance rentable et durable. Les marchés financiers adorent les meilleurs : tout actif et tout investissement doit produire un rendement supérieur au coût du capital et un résultat net de 15 % (moyenne de 6,4 % en France). C'est d'ailleurs la raison qui incite de nombreuses entreprises à vendre leurs actifs immobiliers : ils ne rapportent pas assez...

Cet impératif s'adresse aussi bien aux entreprises que dorénavant aux administrations et aux associations. Gagner ou servir plus avec moins devient l'antienne. Mais comment ? La capacité à affronter avec succès la concurrence dépend de tellement de choses : le coût du capital (capitaux propres ou emprunt), le coût du travail (délocalisation, externalisation...), l'offre (qualité, prix, différenciation...), l'organisation (structures, systèmes, process, productivité...), l'engagement des salariés, l'environnement (bassin d'emploi, infrastructures, réglementations...). La compétitivité justifie ainsi toute décision stratégique. Alexandre de Juniac, P-DG d'Air France-KLM, ne fait rien d'autre quand il annonce en 2014 le relais du plan de réorganisation « Transform 2015 » par le plan de croissance « Perform 2020 ». Michel Combes s'attache en priorité, quand il reprend la présidence-direction générale d'Alcatel-Lucent en quasi-faillite, à « *renouer avec la génération de cash, il n'y a pas trente-six solutions* »[43].

L'organisation doit alors mettre son système de rétribution en harmonie avec ses finalités. Mon ami Hervé Sérieyx dit que « *toute organisation finit par épouser le destin de son système de rémunération* ». C'est exact. Si vous offrez une grande part variable, vous n'aurez que des chasseurs et non des éleveurs. Si vous rémunérez le diplôme et l'ancienneté, vous n'aurez que des fonctionnaires. Et si vous payez des cacahuètes, vous n'aurez que des singes ! Intéresser financièrement les salariés à leur travail n'a rien d'indécent, le partage est moral et construit du gagnant-gagnant.

Court-termisme

Le court-termisme privilégie l'obtention d'un objectif rapide, sinon immédiat, en négligeant de considérer l'incidence d'effets potentiels ou réels pouvant survenir à moyen ou à long terme. Les uns disent que c'est une perversion issue de la financiarisation des économies occidentales (l'anti-développement durable !), les autres que c'est la conséquence de l'accélération intrinsèque de tous les processus technologiques. Et que le fax est déjà relégué à l'époque du télégraphe Chappe ! Le fait est que les marchés financiers se focalisent sur les profits immédiats au détriment des investissements de long terme des entreprises. Il faut donc nourrir l'hydre des marchés financiers par un reporting en temps réel et délivrer du résultat coûte que coûte.

Le court-termisme existe aussi, certes de façon moins tendue, mais bien réelle, dans le secteur public rythmé par les élections.

Précarisation et dévalorisation du contenu du travail

« *Most American companies tend to be over-managed and under-led*[44] » ; ces termes s'appliquent tout autant à nos entreprises : elles excellent dans la gestion, peu dans la vision et le leadership.

La financiarisation n'étant intéressée que par ses résultats, elle déshumanise, elle instrumentalise les personnes. Elle ne fait qu'amplifier un regard critique sur le monde du business et partagé par de nombreux penseurs. Le chevalier de Brienne écrivait en 1758 : « *Pour réussir en affaires, ce n'est pas de l'esprit qu'il faut, c'est de la délicatesse qu'il ne faut pas.* »

De nos jours, un dirigeant ou un salarié n'est plus évalué sur sa compétence, mais sur la conjoncture. Peu importe la qualité du travail. Et tout écart par rapport à un objectif devient signe d'incompétence. La non-reconnaissance des mérites conduit à une précarité imposée aux collaborateurs qui ne peut pas créer d'engagement, et à un turnover des dirigeants qui ont accepté la mission d'appeler à toujours plus de résultat. L'opinion publique n'est pas d'accord. Elle refuse la brutalité de certaines pratiques de vente d'entreprises, de fermeture de sites, voire d'abandon d'activités. Elle dénonce l'assimilation des salariés à un seul poste comptable de coûts.

Le professeur et chroniqueur du *Monde* Pierre-Yves Gomez explique très clairement[45] la dérive de notre système : « *Il y a financiarisation lorsque la finance n'est plus une ressource pour réaliser les objectifs économiques, mais devient l'objectif lui-même.* » Il prend l'exemple d'une organisation qui ne dit plus : « *Nous allons produire un million de vaccins pour soigner telle population* », mais : « *Nous allons accroître notre rentabilité de 20 % et pour cela nous allons produire un million de vaccins.* » Il en conclut que « *la financiarisation est donc une idéologie qui inverse le sens donné à l'activité et modifie profondément le sens que l'on donne au travail* ».

Comment un manager est-il impacté par ces changements ?

Nécessité d'être performant

La recherche de la performance à tout prix se traduit par une exigence d'efficience, c'est-à-dire d'efficacité rentable. C'est très bien d'atteindre ses objectifs, mais la réussite sera totale si les moyens mis en œuvre sont minimes. En un mot, il faut que cela rapporte. Le manager est obligé de s'inscrire dans une logique de reporting et d'évaluation permanente. L'écueil est que cela conduit à un désengagement vis-à-vis du travail, à une décérébration castratrice et à une jachère relationnelle.

Que peut-il faire ? Rien à la vérité sur le fond, sauf démissionner et créer son entreprise ou travailler dans l'économie à but non lucratif. Il ne peut se soustraire à cet impératif de productivité et de rentabilité. En revanche, il peut le rendre plus « comestible » en focalisant les efforts sur un projet de proximité, un défi à portée de main de l'équipe. La finalité du travail devient plus légitime et en tout cas acceptable. Son rôle sera de concilier les objectifs de l'organisation, qu'elle soit privée, publique, ou encore associative, et les attentes des collaborateurs : travail intéressant et gratifiant, sécurité, rémunération, possibilité de progrès, bonne ambiance, avenir confiant…

À sa nomination à la direction de Citroën, Linda Jackson a été présentée par l'un de ses anciens collègues britanniques : « *Elle cherche toujours à obtenir le consensus au sein de son équipe sans passer en force. Mais s'il n'y en a pas, elle prend sa décision. Sans traîner*[46]. » Savoir décider est depuis toujours le propre des leaders. La nouveauté vient de l'association aux décisions des personnes concernées. C'est assurément une mission délicate que d'obtenir des résultats attendus sans perdre l'épaisseur humaine. La marge est très étroite.

Nécessité de trouver le sens à l'action

On le lit et on l'entend partout : il faut donner du sens, c'est-à-dire de la direction, de la signification, de la sensation. Mais que faire quand vous êtes face au non-sens local d'une décision de fermeture de votre activité prise à des milliers de kilomètres ou au contresens d'une fusion-acquisition stratégique ratée ! Où est le sens ? C'est la dictature d'une gestion privée de sens. Qui souhaiterait hériter de l'épitaphe suivante : « Ci-gît Philippe le bon gars, bienheureux de la marge brute. Il a consacré sa vie à doubler le chiffre d'affaires d'un inconnu et à tripler son résultat net » ?

On ne peut mobiliser des salariés sur l'augmentation du bonus d'investisseurs anonymes ou sur la retraite de la veuve de Lamballe ou de Floride. Une personne s'engagera pour des enjeux personnels : son professionnalisme, la possibilité de progresser, une prime, son goût du métier… La question des Anglo-Saxons est très pragmatique : « *What's in it for me?* » (Qu'est-ce que j'y gagne ?)

Le Commissariat au plan reconnaissait[47] en 2003 ce décalage de leviers de motivation entre niveaux de responsabilité : « *Il est très difficile de connecter les objectifs de la base et du sommet, d'autant que la financiarisation plonge le manager dans le court terme, alors que la base continue à attendre de lui qu'il gère et assure la stabilité du système sur le long terme.* » Le territoire n'est plus balisé, les relevés cartographiques sont inutiles puisque le nord varie. La boussole s'affole, elle n'est plus l'outil qui donne la direction. Quel sens le manager peut-il proposer quand le seul critère d'évaluation est le résultat financier ? Dégager un cash-flow positif n'a jamais motivé beaucoup de salariés. À ce sujet, François Michelin, patron du groupe éponyme entre 1955 et 1999, rappelait en 1987[48] : « *Chaque être humain est unique et irremplaçable... De ce fait chaque homme doit pouvoir trouver dans la vie industrielle ce qu'il faut pour devenir ce qu'il est.* » La mission de l'entreprise est alors ainsi définie, ajoutait-il : « *Il faut que nous puissions mettre cet homme en contact avec la réalité et que celle-ci lui révèle, je dis bien que la réalité mais personne d'autre lui révèle ce pour quoi il est fait.* » Face à la financiarisation de l'économie, donner du sens à la vie de chacun dans l'entreprise est prioritaire. La question est de savoir qui est en charge de créer ce sens, c'est-à-dire de trouver une direction et une signification qui à la fois s'inscrivent pleinement dans la stratégie de l'organisation, soient recevables par ses collaborateurs, donnent envie et les motivent. Tant mieux si l'entreprise véhicule en elle-même des valeurs et des orientations qui sont intégrées par ses collaborateurs, le rôle du manager sera de les faire vivre. Pourtant, la plupart du temps, les déclarations grandiloquentes glissent comme l'eau sur les plumes d'un canard. Son rôle est alors de pallier cette absence de sens par des ancrages collectifs : métier, culture, projets, challenges, qui parlent concrètement aux membres de son entité et sur lesquels ils peuvent influer. Une condition nécessaire : le soutien de la direction, car l'absence de leviers d'action ne peut qu'engendrer des rapports autoritaires.

Un proverbe japonais souligne bien que vision et action sont indissociables : « *Vision sans action est un rêve. Action sans vision est un cauchemar.* » Dit autrement : « *Vision sans action n'est qu'hallucination. Action sans vision n'est que gesticulation* », on pourrait même conclure trivialement : masturbation ! L'absence de sens conduit à l'onanisme du travailleur.

Nécessité de pallier la distanciation vis-à-vis de l'employeur

Les salariés ne « montent plus à bord » de leur employeur aveuglément. Ils refusent le caporalisme et le moule du prêt-à-trimer. L'engagement doit être réciproque. Or, l'entreprise ne leur promettant plus l'emploi à vie, ils ne s'engagent que sur des objectifs qui leur rapportent d'abord à eux, plus qu'à une communauté, aussi proche soit-elle, mais qui n'hésitera pas à les lâcher dès qu'elle devra couper les coûts (on pourrait aussi écrire les cous !).

Ce qui fait dire à Hervé Sérieyx : « *On rejoint une entreprise pour son image, on y reste pour l'intérêt du travail, on la quitte à cause de son management.* »

Une grande différence se manifeste ici entre le leader et le manager. Dans une préface écrite par Bernard Ramanantsoa, le directeur d'HEC, on peut lire[49] : « *L'autorité ne vient plus du savoir, elle vient de la personnalité, du charisme, de la capacité à faire adhérer les hommes à des idées, et surtout de la capacité à les faire travailler ensemble. Ce mouvement nous semble irréversible et ne fera probablement que s'accentuer dans les années à l'avenir. Le problème est de savoir si nous aurons assez de leaders pour conduire cette mutation. Nous parlons bien de leaders, que nous distinguons des managers. La différence est d'importance. Deux professeurs, Abraham Zalenik et Roland Reitter, nous ont montré que les leaders fabriquent l'avenir, alors que les managers se contentent de gérer le quotidien… Ils ne diffèrent pas seulement par leur rôle et par leur conception de l'organisation. Les leaders savent que pour qu'une organisation vive, il ne suffit pas qu'elle ait une stratégie valable ; il faut encore qu'elle puisse se renouveler, au-delà des hommes qui la servent. Et la fonction des leaders est de construire cette identité. Nos recherches révèlent que, pour cela, ils ont su développer à la fois deux talents essentiels : une capacité à interpréter le monde et à comprendre les systèmes sociaux, et une aptitude à penser leur propre pouvoir et à percevoir les dangers de leurs propres passions.* »

Trois bonnes pratiques managériales

Montrer sa valeur ajoutée

Dans un monde financiarisé, préserver son emploi s'impose. Il ne s'agit pas d'organiser un grand bal musette à chaque fois qu'un des objectifs est atteint ni de jouer de l'accordéon dans les réunions de travail pour célébrer sa frugalité. Mais il faut savoir défendre son équipe et ses résultats, faire connaître et respecter l'apport de son activité. C'est du *self-marketing*. Je ne milite pas pour l'humilité, valeur souvent promue en entreprise, qui est, selon *Le Petit Robert*, « *le sentiment de sa faiblesse, de son insuffisance qui pousse une personne à s'abaisser volontairement en réprimant tout mouvement d'orgueil* ». Reconnaître ses erreurs oui, mais aussi ses succès et les partager, et ne pas sombrer dans une autoflagellation inappropriée. Faire savoir son savoir-faire ne nuit pas, si l'action n'est pas trop envahissante. Mon père me disait : « Arrête de faire l'intéressant. » Mais cette incitation à la discrétion n'est pas de mise dans un monde du travail ingrat et qui ne reconnaît que le visible.

Simplifier chaque mois une pratique

René Descartes a écrit que le bon sens est « *la chose du monde la mieux partagée* ». Charles de Rémusat, homme politique et philosophe français, parlait, lui, du sens commun, mais c'est justement

« *le sens rare* », précisait-il. Notre expérience nous fait opter pour la seconde définition. Les guerres n'existeraient pas si le bon sens n'était pas étouffé par des pulsions de domination. Le bon sens n'est pas si fréquent, il est vite taxé d'opinion banale, puisqu'à la portée de tous. Redonnons-lui le lustre du pragmatisme et, chaque mois, simplifions une pratique en sollicitant l'intelligence et la capacité d'initiative de ses collaborateurs : éliminer un gaspillage, une panne récurrente, un déplacement inutile, une perte de temps, un processus inadapté, un surcroît de travail sans valeur (ah ! le perfectionnisme)… Retrouvons la luminosité de Léonard de Vinci : « *La simplicité est la sophistication ultime.* »

Partager un défi

Quand la vie est difficile et imprévisible, le sentiment de contribuer est nécessaire pour continuer à s'investir. Il repose en grande partie sur le regard porté par les autres et principalement par le manager sur le travail de chacun. L'association des collaborateurs au progrès de leur travail responsabilise et dynamise les énergies. Cela valorise le travail.

Les personnes aiment en général relever des défis. Pourquoi ne pas les associer à un objectif difficile et les inviter à créer elles-mêmes de meilleures modalités de travail ? La culture du défi est à promouvoir : pour réaliser un rêve, il faut d'abord rêver. Un défi est toujours un peu provocateur, mais c'est de là que viendra la motivation à le relever, d'autant plus entraînante que l'intention sera collective. Il définit le lien de l'équipe, ce qui rassemble, le pourquoi on travaille ensemble, le sens de l'aventure commune. C'est une réponse à la fois au besoin de reconnaissance individuelle et à l'envie d'appartenance collective.

Le manager doit transformer un enjeu en jeu, traduire un objectif en une sorte de pari stimulant et entraînant sur l'avenir, pour que chacun se sente redevenir l'artisan engagé d'une mission collective. Cette citation d'Antoine de Saint-Exupéry peut avec pertinence définir le leadership : « *Si tu veux construire un bateau, ne rassemble pas tes hommes et femmes pour leur donner des ordres, pour expliquer chaque détail, pour leur dire où trouver chaque chose... Si tu veux construire un bateau, fais naître dans le cœur de tes hommes et femmes le désir de la mer.* »

Bon vent, manager !

La société doit être exigeante envers les forts et douce envers les faibles.

Olof Palme, Premier ministre suédois assassiné en 1986. La financiarisation pratique exactement le contraire : elle précarise les fragiles et promeut les gagneurs.

5. Effritement des institutions et des idéologies collectives

- Relativisation de toute autorité, individualisation des attentes vis-à-vis du travail, déhiérarchisation
- Personnalisation du management, responsabilisation de chacun
- Donner envie plutôt que décréter, libérer l'initiative, prendre en compte les « ABC » (attentes, besoins, contraintes) de chacun de ses collaborateurs

En quoi consiste cette évolution ?

Nous assistons à une perte de repères des sociétés occidentales due à l'éclatement de leurs piliers traditionnels :

– Religion : elle est entrée dans la sphère individuelle, même si la foi croît. Le sociologue Michel Maffesoli souligne[50], en s'appuyant sur l'exemple de la multiplication des livres sur l'initiation, que la religion institutionnelle évolue vers une religiosité personnelle. L'hypothèse de base, assez largement partagée par les philosophes et les sociologues, est que le développement économique et l'élévation des niveaux de vie, la diffusion de l'instruction, les progrès de la science et de l'urbanisation provoquent une disparition des besoins religieux, aussi bien en ce qui concerne la pratique que les croyances. En France, la déchristianisation née sous la Révolution se transforme aujourd'hui en laïcité.

— Patrie : le patriotisme national s'estompe au profit d'une implication plus ciblée (la région) ou plus large (l'Europe). Tous les Français, sauf quelques va-t-en-guerre invétérés, sont heureux de vivre en paix avec leurs voisins. Vive le programme Erasmus, qui contribue fortement à la mobilité des étudiants et à la coopération future !

— Idéologie : la grande date est l'écroulement du mur de Berlin en 1989. Le partage de l'Europe en deux blocs était devenu un fait établi. Aussi, l'ouverture du Mur et la chute des régimes communistes d'Europe centrale qui s'ensuivit ont stupéfié le monde occidental, le « monde libre », disait-on. Peu de spécialistes avaient compris les mouvements de fond qui laminaient les régimes communistes. L'affaiblissement de l'Union soviétique, la *perestroïka* conduite par Mikhaïl Gorbatchev et la détermination des Allemands de l'Est provoquèrent la chute du « mur de la honte », suscitant l'admiration incrédule du « monde libre » et ouvrant la voie à la réunification allemande. Il n'y avait plus d'alternative au capitalisme (est-ce aussi une idéologie ?), c'était le triomphe du marché.

— École : l'absence, depuis des dizaines d'années en France, d'un grand projet collectif assigné à l'école libère les intérêts individuels : enseignants corporatistes, parents consuméristes, ministres évanescents, collectivités territoriales prisonnières de leur budget, élèves connectés ailleurs… Chacun joue son jeu légitimement, mais un ensemble d'intérêts individuels ne crée pas un bien commun.

— Famille : elle perd son pouvoir structurant et normatif. Aujourd'hui, un Français qui se marie a un risque sur deux de divorcer s'il est parisien, un sur trois s'il vit en province. La structure familiale, un père, une mère et des enfants d'un même lit, perd de sa puissance. C'est la fission de la famille nucléaire !

— État : les États entament une perte de crédibilité. Sur un plan économique, il est singulier que les critères de Maastricht exigent d'un pays un taux annuel de déficit public inférieur à 3 % du PIB et un taux inférieur à 60 % du PIB pour la dette publique. Allez demander cela à un dirigeant : pas plus de 3 % de déficit et pas plus de 60 % de dettes ! En France, notre taux d'endettement s'accroît régulièrement depuis 1995 (alors à 55 %) et frise les 100 %, et notre déficit en 2012 était de 4,8 % (il a triplé depuis 2000 !). Quels actionnaires accepteraient de tels chiffres et de telles dérives ?

Devant la débâcle des croyances et des idéologies, l'entreprise reste la seule institution qui résiste. Les piliers sociétaux se lézardent, un seul se renforce : l'entreprise. C'est d'ailleurs la raison pour laquelle on lui demande de prendre en charge de plus en plus de missions auparavant du ressort de la collectivité.

Que ce soit dans les domaines de la religion, de la politique, de la morale, la désaffection est générale vis-à-vis des grands modèles explicatifs de la société. La fin des idéologies gomme les repères. L'histoire de l'architecture épouse cette évolution. Les constructions les plus imposantes ont été religieuses, puis militaires, ensuite gouvernementales. Aujourd'hui, ce sont les sièges sociaux des entreprises qui dessinent le paysage architectural.

Les figures de réussite sociale embrassent aussi le monde des affaires. Il fallait choisir du temps de Stendhal entre le rouge des armes et le noir des ordres ecclésiastiques. Être Bonaparte au pont d'Arcole ou l'aigle de Meaux. Aujourd'hui, c'est le chef d'entreprise qui est le *conquistador* de la société : l'entrepreneur, le leader, le créateur, l'innovateur...

Voici quelques chiffres pour étayer le pouvoir de l'entreprise comme acteur de notre société. Le plus grand chiffre d'affaires au monde était en 2013 celui de l'américain Wal-Mart Stores : 476 milliards de dollars. Ce chiffre d'affaires équivaut à la somme des PNB des quatre-vingt-quinze pays les plus pauvres. Si ce chiffre d'affaires était un PNB, Walmart serait le vingt-neuvième pays, avant la Belgique, la Suède, l'Autriche ou la Suisse. Parmi les cent plus grosses puissances économiques de la planète, on compte seulement quarante-neuf États pour cinquante et une entreprises !

Cette toute-puissance de l'entreprise est néanmoins à relativiser. Pour deux raisons. De nouveaux modes d'organisation seront certainement en place, confirmant les tendances d'un monde du travail polymorphe : extension du télétravail, externalisation, recours plus massif aux contractuels et aux compétences extérieures... D'autre part, la durée de vie d'une entreprise se fragilise : « *Il y a quelques années, les entreprises enterraient leurs salariés. Aujourd'hui, c'est bien souvent l'inverse ! La financiarisation de l'économie ne s'accorde pas avec les stratégies à long terme et peut imposer des modes de management et de communication néfastes. Parfois, le slogan pourrait être : "On veut du long terme tout de suite ![51]"* »

Quelles conséquences sur le management des organisations ?

Relativisation de toute autorité

« *For there is nothing either good or bad but thinking makes it so*[52]. » Shakespeare avait-il prévu la fin de la bien-pensance quand il écrivait que rien n'est ni bon ni mauvais, tout dépend de ce que l'on pense[53] ? Sa vision va-t-elle prendre chair si on observe les puissantes remises en cause actuelles du prêt-à-penser collectif pour préconiser le discernement individuel ?

Internet relativise dorénavant toute autorité : il est devenu le sésame de la connaissance qui crée des consommateurs très informés, des acheteurs sans état d'âme, des réclamants sans scrupule, des salariés qui court-circuitent leurs managers… Une jeune scolaire en situation irrégulière défie le président de la République et devient son égale par temps de parole interposé sur les chaînes d'information en continu. Il m'est arrivé de voir un médecin consulter son ordinateur pour analyser les causes de mon allergie : j'en savais déjà plus que lui grâce à doctissimo.fr !

Le pouvoir, socle de la société des siècles derniers, est mis à mal. Le mot lui-même n'est plus synonyme de domination, mais de potentiel. Je partage les propos du cardinal Barbarin : « *Pouvoir, j'aime le verbe. Je me méfie du substantif*[54]. » On passe de l'argument d'autorité à l'autorité de l'argument, de l'imposition à l'appropriation. L'autorité peut venir de partout, elle repose sur une compétence reconnue qui peut être celle du simple collaborateur. « *Il n'y a d'autorité que reconnue* », précise le philosophe Yann-Hervé Martin[55] qui ajoute : « *C'est le contraire de l'autoritarisme, qui manifeste le manque d'autorité en la surjouant… La difficulté, c'est qu'au recrutement d'une personne, on connaît le pouvoir qu'on va lui attribuer, mais on ignore tout de son autorité.* »

Ce refus du pouvoir aveugle incite à refuser tout dogmatisme marmoréen et à s'adapter au contexte : la conséquence est d'expliquer les transformations et surtout les réorientations inévitables qui ponctuent la vie de toute organisation.

Individualisation des attentes vis-à-vis du travail

Les individus deviennent « incertains », comme l'écrit le sociologue Alain Ehrenberg[56]. Privés de repères, ils affrontent seuls désormais les effets de la « désaffiliation ». Ils relativisent les modèles explicatifs et embrigadants et rejettent une pensée unique. Ils construisent leur propre religion, leur vision personnelle de la vie, de la société, de leurs rapports aux autres, au temps, à l'art... Nous savons depuis les travaux de Claude Bernard que les systèmes ne sont pas dans la nature, mais dans l'esprit des hommes. La « narcissisation » permanente de la société de consommation crée l'individu-roi, l'humoriste dirait le « tout-à-l'*ego* ». Jean-Paul Bailly, alors président du Groupe La Poste, soulignait en 2008 (Cité de la réussite) cette évolution aussi pour la fonction publique, pourtant très à cheval sur l'égalité de traitement des usagers : « *Les valeurs du service public évoluent de l'égalité à l'accessibilité, du même produit pour tous au produit adapté à chacun.* »

C'est la montée en puissance de l'individu face au groupe. Mais pas seulement. Edgar Morin l'avait largement anticipé dans une chronique du *Monde* de 1963[57]. Il expliquait qu'« *une nouvelle classe d'âge émergeait, incarnée par le yé-yé, mue par le plaisir du jeu, l'envie de jouir et de s'affirmer dans une société à la fois individualiste et en recherche d'extase collective... Et que l'adolescence contemporaine portait en elle avec une extrême intensité l'aspiration qui a traversé toute l'humanité et se trouve endormie dans le monde adulte : la quête de la plénitude personnelle au sein d'une communion fraternelle et solidaire. En somme, l'épanouissement du "je" dans un "nous"* ». Propos, j'allais dire, éternels.

La personnalisation des attentes vis-à-vis du travail est un fait. Ce dernier répond plus à une motivation individuelle d'accomplissement qu'à un moyen d'intégration dans la société. Pourquoi travaille-t-on plus de quarante ans de sa vie ? Pour trois raisons principales :

– La première est économique, matérielle. C'est le « salaire de subsistance » dont parlait déjà Adam Smith vers 1775, soit il y a près de deux cent cinquante ans. Il s'agit de gagner des sous, c'est le gagne-pain, la sécurité. Et de se créer des droits et des protections. C'est le travail valeur d'échange.

– La deuxième s'affirme au XIXe siècle, elle est psychologique : le travail est un vecteur d'épanouissement et de réalisation de soi. Hegel parle de « l'essence de l'homme », c'est une liberté créatrice. Ce n'est plus le travail comme monnaie d'échange, mais l'intérêt du travail qui anime l'individu et vise son accomplissement. Cela peut être la création artistique, le dépassement de soi, la quête de reconnaissance, la chasse aux honneurs…

– La troisième, pratiquée depuis toujours, est guidée par une mission de bien commun : on y retrouve des politiques (pas des politiciens !), des fonctionnaires talentueux, de nombreux bénévoles qui vont lutter contre une injustice ou promouvoir un progrès sociétal. Ni l'argent ni l'intérêt personnel ne les conduisent. Bien sûr, on peut toujours se demander si l'altruisme n'est pas un égoïsme masqué… Les trois moteurs du travail, économique, psychologique et social, avaient été identifiés « en inversé » par Voltaire dans *Candide* (1759) : « *Le travail éloigne de nous trois grands maux : l'ennui, le vice et le besoin.* »

Les études sur la motivation des individus au travail donnent les mêmes moyennes à quelques points près : 60 % pour gagner des sous, 30 % pour s'épanouir, 10 % pour être utile à la société. Elles soulignent toutes aussi que ces résultats ne sont que des moyennes, bien sûr à segmenter : la recherche de gain est plus plébiscitée quand on est jeune ou pauvre, le désir d'accomplissement ou de bien public est le fait de gens sans grand besoin matériel. Chacun à plusieurs moments de sa vie arbitre entre les trois apports du travail : la rétribution monétaire, l'accroissement de la maîtrise de soi et de son métier, la finalité sociétale. La nouveauté est que les salariés cherchent à concilier les trois : nous ne sommes plus dans le nécessaire ou l'épanouissant ou encore l'utile, notre siècle milite pour le nécessaire et l'épanouissant et l'utile. Le « ou » est limitant, voire exclusif (choisir, c'est se passer du reste !), le « et » inclut et démultiplie les possibles. Notre société quitte la fermeture du « on », binaire, pour l'ouverture et la diversité du « et ».

Les organisations, pour individualiser la gestion de carrière de leurs managers, mettent en place le management des talents. Je suis tout à fait pour, mais l'expression me gêne, car tout le monde est-il si talentueux que cela ? Le mot « talent » signifie à la fois aptitude particulière et aptitude remarquable. Il me semble que prendre de simples compétences pour des aptitudes de génie est une flatteuse hypocrisie.

Déhiérarchisation

La déhiérarchisation conduit à responsabiliser chacun et à supprimer des échelons et des contrôles. Le DRH d'Auchan France, Jean-André Laffitte, a annoncé[58] en mai 2014 la disparition de huit cents postes d'encadrement : « *Il faut comprendre qu'une entreprise est mortelle. En agissant sur huit cents postes, sans aucun licenciement, je sécurise l'emploi de cinquante mille personnes.* » Cette réduction de la bureaucratie hiérarchique est nécessaire et courageuse : la mauvaise productivité d'une entité risque de gangrener le tout. Même les organisations publiques ne sont plus insubmersibles.

Ce mouvement de déhiérarchisation s'inscrit dans un mouvement actuel pour « la libération de l'entreprise »[59] qui milite pour la fin de la hiérarchie. Les expériences de Favi, Chrono Flex, Lippi, Poult, Zappos..., font actuellement la une des médias économiques et tournent en boucle dans les conférences d'aujourd'hui : nous pouvons supprimer le management. Autrefois, les choses étaient établies, le management était plutôt directif, autocratique, même rassurant. De là à soutenir que le management normatif et standardisé a tué le management, le pas est trop vite franchi à mon sens. L'ouvrage *The Future of Management*[60] est même traduit en français sous le titre *La Fin du management* !

Est-ce vraiment la fin du management ? Bien sûr qu'on peut agiter le chiffon rouge du reporting quand on comptabilise les temps passés par un comité de direction à contempler ses indicateurs clés de performance ou par un contremaître à renseigner dans sa petite cage de verre des tas de tableaux inutiles et redondants. Il y a de l'épuration statistique à mener !

Mais pour autant, la hiérarchie ne va pas disparaître. Bruno Mettling, DRH du groupe Orange, déclare : « *La hiérarchie reste fondamentale : même dans les modèles d'holocratie*[61]*, il subsiste des personnes en responsabilité qui prennent les décisions.* » L'organisation plate n'est pas pour demain.

Posons-nous. On compte trois à quatre millions de managers en France. Supprimer leur fonction paraît aussi inefficace que fantasque. Autant il faudrait supprimer tous ces termes comme « hiérarchie », « subordination » (définition du contrat de travail, ça donne envie !), « masse salariale brute » (déjà pas très glamour, mais c'est un compte de tiers en comptabilité !)… et s'affranchir de cette gangue administrative incroyablement pesante et sclérosante, autant libérer l'entreprise ne peut pas signifier supprimer les relais indispensables au déploiement d'une stratégie. Donc la fin des managers, c'est un peu fort.

En revanche, faisons évoluer le management. Oui à la fin des managers-courroies (tous des gonds !), mais oui aussi à l'avènement des managers-entrepreneurs ! C'est la base d'un management responsable et entraînant ! Les directions générales et les DRH doivent aider les managers à prendre des risques et à développer un esprit entrepreneurial. Ces managers ont besoin d'être soutenus, d'être valorisés, alors que leurs responsabilités sont de plus en plus nombreuses et exigeantes. Ils ont surtout besoin d'être épaulés dans leur nouveau rôle d'animateur et de développeur de potentiels.

La déhiérarchisation apporte enfin cette vision anglo-saxonne que le chef n'est plus l'ennemi. Il est l'un des collaborateurs de l'organisation, au service de son équipe. Il fait progresser chacun d'entre eux, les encourage à prendre des initiatives, les accompagne, les stimule... Il leur fait confiance, les laisse respirer... Le bon chef est celui qui n'aspire pas à l'être !

Comment un manager est-il impacté par ces changements ?

Personnalisation du management

Première conséquence de l'effritement des institutions et idéologies : la personnalisation du management. L'attention portée aux salariés n'est plus l'apanage ou la fierté d'humanistes innovants. Elle est devenue indispensable. L'écoute puis la prise en compte des aspirations individuelles l'emportent aujourd'hui sur l'imposition d'une même règle aveugle pour tous ou le préformatage de trajectoires de carrière. Les attentes, envies, émotions, réactions, inquiétudes..., ne sont pas les mêmes selon l'âge, le sexe, l'origine, l'éducation, la famille, ou encore les responsabilités. Chacun désire réaliser son parcours professionnel en fonction de ses propres attentes.

La personnalisation du management implique qu'il y a autant de collaborateurs que de façons de manager. La difficulté est que le management est loin d'être une science exacte et que le modèle mathématique n'est pas suffisant pour traiter un problème. À l'école, les problèmes sont simples :

— Toutes les informations sont données.

— Il existe presque toujours une seule solution.

— Le plus souvent, il n'y a qu'une seule façon de trouver la solution.

— La solution est toujours vraie.

Dans la vie, on raisonne plus en termes d'adéquation que d'équation. Votre collaborateur fait trop d'erreurs ? Deux solutions opposées sont possibles. Vous pouvez lui remonter les bretelles ou le moral. La difficulté est de choisir la solution qui convient : l'une sera opportune un jour, l'autre le lendemain. D'autant que chaque solution peut mener aux deux mêmes résultats opposés. Vous lui remontez les bretelles ? Votre collaborateur s'engagera à la vigilance et s'améliorera ou se bloquera et fera preuve d'immobilisme. Vous lui remontez le moral ? Votre collaborateur sera encouragé et s'améliorera ou restera indifférent et fera preuve d'immobilisme. Quelle solution adopter si ce n'est en estimant, en « sentant » que tel collaborateur réagira mieux à telle solution ? Le management n'est pas mathématique ! Tout est affaire d'intuition, et c'est pour cela qu'intégrer la personnalité et la situation de son interlocuteur est déterminant…

Responsabilisation de chacun

Le management n'est pas une doctrine. C'est un art. Et comme tous les arts, il s'appuie sur des techniques et suppose des dons. Les savoir-faire s'appuient sur différentes méthodes de management : grilles d'analyse, techniques, démarches, outils…, qui s'apprennent. Les « savoir-être » sont déterminants pour assurer la qualité de mise en œuvre des savoir-faire et se cultivent. Les deux sont nécessaires. Un « savoir-être » sans savoir-faire n'est qu'un management d'intention. Un savoir-faire sans « savoir-être » revient à un management de composition.

La réussite managériale vient du manager qui comprend les personnes et les situations et agit en conséquence : c'est à lui de décider d'appliquer telle ou telle méthode, tout en gardant sa personnalité, et de se fier à ces outils et de s'en méfier aussi en raison des conditions d'application !

On a découvert en France au XIXe siècle que les Noirs avaient une âme, en 1946 que les femmes étaient capables d'intelligence (reconnaissance du droit de vote), on découvre depuis peu que les gens ont des idées ! Donner du pouvoir ou au moins de l'initiative à ses collaborateurs privilégie la motivation intrinsèque, puisqu'elle incite à s'approprier des sujets de progrès et à faire preuve de créativité. Google[62] attribue 20 % du temps de travail à ses ingénieurs pour des travaux de recherche.

C'est en ouvrant un terrain de jeu qu'on facilite la responsabilisation, car la personne devient libre de ses mouvements et développe son libre arbitre, c'est le cas de le dire, ainsi que son énergie. On se rapproche de la théorie du joueur développée par le sociologue allemand Georg Simmel et reprise par le sociologue français Norbert Alter[63] : « *Le plaisir du joueur n'est pas de gagner le plus d'argent possible, sinon il n'irait pas au casino. C'est de faire en sorte que la chance lui sourie. Ce qui l'intéresse, c'est de sortir vainqueur de l'aventure. Et c'est exactement la logique des managers atypiques et des leaders. Ils créent des situations dans lesquelles, chaque fois, ils attendent que l'avenir leur sourie. En cela, ils manifestent de façon affective leur identité professionnelle. Parfois, c'est même très à vif. Là où un patron classique témoigne d'une certaine froideur, ils acceptent eux de se découvrir en tant que personne. Ce qui les intéresse fondamentalement, ce sont les relations de personne à personne. Ils exigent d'ailleurs souvent la même chose de la part de leurs collaborateurs.* » Bel enjeu que de faire passer la personne avant la fonction.

La responsabilisation, ou « *empowerment* », se développe partout dans le monde à grande vitesse depuis que les siècles derniers ont vu s'accroître le niveau général d'instruction. Et quel que soit le niveau de départ, même chez les plus pauvres : voyez la réussite de Muhammad Yunus, le « banquier des pauvres », prix Nobel de la paix en 2006, qui aurait pu aussi bien obtenir le « Nobel de l'économie » grâce à son invention du microcrédit. Son objectif est de reléguer la pauvreté au musée en 2050 ! Puissiez-vous en être les témoins !

Trois bonnes pratiques managériales

Donner envie plutôt que décréter

Un manager ne devrait plus rien décréter ! Plus personne n'accepte l'embrigadement ni le formatage qui conduisent à la routine, à la décérébration et sûrement au désengagement. La souplesse l'emporte aujourd'hui sur la contrainte. On sait qu'on ne motive pas une personne, c'est la personne qui se motive. C'est le manager qui crée les conditions de la motivation. Et qui supprime les obstacles éventuels, les fameux facteurs d'hygiène selon Herzberg[64] : leur suppression ne crée pas de la motivation mais seulement la disparition de la démotivation. Changer ma chaise défoncée m'évitera d'avoir mal, mais ne créera pas d'enthousiasme pour autant.

Pour donner envie, l'association aux décisions est essentielle. En exigeant au lieu de demander, le manager prive ses collaborateurs du sentiment d'être libres de faire ou ne pas faire, au risque de nier leur existence. On passe du "Command and control" au "trust and inspire". Mais au bout du compte, responsabiliser des collaborateurs est un pur bonheur. C'est une mission exaltante du manager.

Le banquier aussi brillant qu'atypique Matthieu Pigasse[65] l'écrit : « *Il n'y a pas de plus bel engagement que de permettre à chacun de pouvoir agir sur sa vie.* »

Libérer l'initiative

Nous l'écrivions dans l'introduction : réussir pour un manager, c'est faire réussir ses collaborateurs. Tous les parents essaient de guider leurs enfants vers ce pour quoi ils sont faits. Même démarche pour le travail, surtout à une époque où chacun est incité à devenir son propre entrepreneur et l'artisan de sa vie professionnelle. Un collaborateur qui s'épanouit dans son travail est plus efficace, plus motivé, plus collectif.

Le rôle du manager est de donner de l'autonomie pour créer de l'engagement. « *Ma mission consiste à faire naître chez mes collaborateurs l'envie de rester* », dit Thierry Marx, chef du Mandarin Oriental. Belle illustration de plus de liberté et moins de contrôle dans les pratiques managériales.

Comment ? En recherchant avec chacun de ses collaborateurs son potentiel d'initiative, en co-créant une mission où le collaborateur aura carte blanche, en créant les conditions favorables à sa prise d'initiatives (accompagnement, moyens, droit à l'erreur...). Et surtout en le laissant agir comme il le souhaite, sous réserve bien sûr d'absence de nuisance pour le collectif. Le président américain Theodore Roosevelt disait : « *Le meilleur manager est celui qui sait trouver les talents pour faire les choses, et qui sait aussi réfréner son envie de s'en mêler pendant qu'ils les font.* » Vive la délégation !

Prendre en compte les « ABC » (attentes, besoins, contraintes) de chacun de ses collaborateurs

Le travail du manager consiste à discerner ce qui motive (et ce qui freine) chacun de ses collaborateurs : est-ce le défi, le devoir, la reconnaissance, le pouvoir, le plaisir, le progrès professionnel ? Chacun est mû par un mélange souvent confus de motivations qu'il n'est pas facile d'identifier, d'autant que chacun voit au travers de son propre prisme. Pour s'intéresser à l'autre, il est essentiel d'écouter, d'observer, d'organiser des contacts et des rencontres régulières. Chacun est persuadé qu'il possède ces qualités. J'ai demandé à mes enfants à chaque dîner auquel ils étaient invités de poser au moins trois questions à leurs voisins de droite et de gauche. Des questions spécifiques sur la vie de leurs voisins de table, leurs goûts, leurs passions (pas du style : pourriez-vous me passer le beurre ?). Simplement pour éviter qu'à la sortie du dîner, quelqu'un puisse se dire : « *Finalement, si je n'étais pas venu, personne ne s'en serait aperçu.* » Connaître, ce n'est pas uniquement côtoyer. C'est être capable d'appréhender les croyances, valeurs, aspirations, idéaux… de chacun pour pouvoir les mobiliser et les mettre en mouvement. Posez chaque jour trois questions à chacun de vos collaborateurs, la proximité humaine y gagnera fortement.

> *L'obéissance à un homme dont l'autorité n'est pas illuminée de légitimité est un cauchemar.*

Simone Weil, *La Pesanteur et la Grâce* (1950)

---

6. Féminisation du monde occidental

- Nécessité de briser le plafond de verre, importance de la relation
- Attention, dialogue, empathie, soutien
- Limiter sa distance hiérarchique, favoriser le codéveloppement, consacrer quinze minutes par jour à l'écoute informelle

En quoi consiste cette évolution ?

Après des millénaires de pouvoir masculin à peu près sans partage, il faut rappeler ce que les femmes ne veulent plus : que la différence sexuelle entre homme et femme soit interprétée comme l'infériorité de l'une et la supériorité de l'autre. Or telle est bien la tradition historique et parfois encore dominante dans des pays, surtout hors Occident, facile à résumer :

D'une part, il existerait un ordre naturel qui considère l'homme comme le sexe fort, donc le premier sexe, et la femme comme le sexe faible, donc le deuxième sexe.

D'autre part, l'ordre culturel qui fait vivre la femme dans l'ombre de l'homme n'a fait que pérenniser une réalité biologique en la normalisant. Ainsi, Molière aurait raison, ou plutôt l'Arnolphe de *L'École des Femmes* (1662) à qui il fait dire : « *Du côté de la barbe est la toute-puissance.* » C'était le temps où la femme était la vitrine de l'homme…

D'où vient cette évolution ?

C'est sans doute l'éducation des filles qui a déclenché le mouvement. On part de loin. Dans l'Europe médiévale occidentale, les principes de vertu, de piété et de bienséance que l'on tentait d'inculquer aux filles se retrouvent, entre autres, dans le *Livre pour l'enseignement de ses filles* de Geoffroy de La Tour-Landry, un traité didactique rédigé par un noble français pour ses filles dans le dernier tiers du XIVe siècle. En 1523, Jean-Louis Vivès écrit *De l'institution de la femme chrétienne*. Cette œuvre est beaucoup lue dans les milieux humanistes européens. La nécessité est alors reconnue d'éduquer les filles, mais la question reste entière : que leur apprendre ? La première vertu pour Vivès est la « pudicité », qui correspond à la vision d'une femme réservée. Mais il demande aussi une certaine culture, pour former la future épouse et la future mère. « *Celle-ci doit pouvoir se rendre agréable à son mari par ses charmes et sa conversation, l'aider dans le gouvernement des affaires domestiques, savoir élever chrétiennement ses enfants…* » On croit rêver ! De nostalgie ou d'horreur, c'est vous qui réagissez…

En France, ce n'est en fait que depuis le XXe siècle que les filles peuvent prétendre à la même éducation que les garçons. Grâce à des personnalités visionnaires un siècle plus tôt comme Victor Duruy, Paul Bert, Camille Sée, Jules Ferry…, qui contribuent à l'amélioration de l'enseignement des femmes… La Troisième République avait peur que les femmes endoctrinées votent à droite. Et l'époque glorifiait un statut de la femme faite pour procréer. Rappelez-vous les propos de Pierre de Coubertin[66] : « *Une petite Olympiade femelle à côté de la grande Olympiade mâle. Où serait l'intérêt ? […] Impratique, inintéressante, inesthétique, et nous ne craignons pas d'ajouter :*

incorrecte, telle serait à notre avis cette demi-Olympiade féminine. Ce n'est pas là notre conception des Jeux olympiques dans lesquels nous estimons qu'on a cherché et qu'on doit continuer de chercher la réalisation de la formule que voici : l'exaltation solennelle et périodique de l'athlétisme mâle avec l'internationalisme pour base, la loyauté pour moyen, l'art pour cadre et l'applaudissement féminin pour récompense. » La femme est là pour couronner le vainqueur, comme encore actuellement dans les courses cyclistes… Il faudra attendre la loi Haby de 1975 pour voir la mixité scolaire devenir obligatoire.

Cette émancipation était déjà amorcée au début du XXe siècle dans les pays anglo-saxons, grâce aux suffragettes. Des femmes courageuses réclamèrent alors le droit de vote et d'éligibilité. Elles sensibilisèrent peu à peu l'opinion mondiale et trouvèrent des soutiens solides. En France, Simone de Beauvoir formula de façon lumineuse dans *Le Deuxième Sexe* (1949) l'aliénation de la femme par la toute-puissante culture masculine : « *On ne naît pas femme, on le devient.* » La théorie du genre était lancée pour démontrer que les inégalités entre femmes et hommes sont issues de facteurs sociaux, culturels et économiques plutôt que biologiques. Inné ou acquis ? Biologique ou fruit de l'éducation ? Aujourd'hui, la théorie du genre fait toujours débat…

Une autre raison du mouvement de féminisation vient, à mon avis, de la généralisation de la pilule. Cette invention de 1955 par l'Américain Gregory Pincus, autorisée aux États Unis en 1960, a été le moteur de la libération sexuelle. La domination de l'homme s'était exercée par l'appropriation sexuelle. La contraception permettant de séparer procréation et érotisme, l'homme et la femme deviennent des partenaires égaux dans la réciprocité du désir et dans la conduite de leur vie conjugale et familiale. Les femmes ont ainsi gagné depuis quelques décennies le droit de disposer de leur corps, de choisir leur sexualité, d'être l'égale de leur conjoint en cas de mariage et pour l'éducation des enfants, de mener une vie professionnelle.

Des évolutions tangibles se manifestent dès le début du XXIe siècle :

— En Europe, les femmes représentent 60 % des diplômés universitaires et 80 % des consommateurs.

— Le taux d'emploi des femmes atteint pratiquement celui des hommes.

— L'égalité hommes-femmes se dessine, ou pour être plus réaliste, les inégalités sont moins criantes.

— Certaines professions à forte valeur ajoutée sont déjà féminisées : l'enseignement, la magistrature, la médecine…, concomitamment à un désamour progressif des hommes pour ces filières, en faveur des métiers de la finance, de l'ingénierie et de l'entreprise en général. Pourquoi ? De méchantes langues disent que la féminisation d'une profession est rarement le signe de son ascension… En fait, deux critères explicatifs mettent en avant les métiers tournés vers les autres et vers la maîtrise du temps de travail. Il existe peu de métiers où un manager peut changer de rythme, baisser son activité puis y revenir, sans perdre ses chances de réinsertion sur le marché de l'emploi.

Il reste que l'évolution est loin d'être achevée, comme en témoigne l'attribution du prix Nobel de la paix 2014 à Malala Youzafzai, jeune pakistanaise de 17 ans. Cette distinction met en lumière l'immense travail encore à fournir et promeut sa fondation qui s'est donné pour mission de : « éduquer les filles et leur donner le pouvoir de changer leur vie et leur environnement ».

Quelles conséquences sur le management des organisations ?

Nécessité de briser le plafond de verre

Depuis les années 1960, le paysage des organisations a changé : si on y compte de plus en plus de femmes, peu sont managers. Les postes de pouvoir sont encore très masculinisés et les différences de salaires demeurent[67]. Selon The Official Board, qui agrège les positions de quatre cent mille dirigeants dans deux cents pays, la part des femmes numéro un d'une entreprise reste de 6 % depuis plusieurs années. Les conseils d'administration (13 % de femmes) et les comités de direction (18 %) se féminisent doucement. Les postes clés de management les plus féminisés sont la communication (44 %), les RH (33 %), les relations investisseurs (35 %), puis la finance et les relations clients (33 %). Les organisations se sont enfermées dans des postures qui tolèrent les inégalités. L'observatoire Skema de la féminisation des entreprises[68], créé en 2008 par le professeur Michel Ferrary, analyse l'évolution du pourcentage de femmes dans les effectifs et dans l'encadrement des soixante plus grandes entreprises privées françaises. Il en tire deux enseignements :

D'une part, le taux moyen d'encadrement féminin est de 30 %. Trois entreprises sortent fortement du lot avec 60 % : LVMH, L'Oréal et Hermès. À croire que la féminisation est un luxe ou que le luxe est féminin…

D'autre part, l'investissement sur le critère de la féminisation de l'encadrement des entreprises proposé par le Femina Index a « surperformé » le CAC 40 cinq fois sur six depuis 2008.

Alors pourquoi tant de réticence ? Pourquoi a-t-il fallu instaurer des quotas de femmes dans les organes de direction pour briser le plafond de verre, cette structure invisible mais bien présente qui empêche l'accès des femmes aux postes de décision et à responsabilité ?

Les résistances sont nombreuses de la part des managers, principalement culturelles. Les hommes se sentent parfois mal à l'aise avec une jeune femme comme chef, ou n'osent pas prendre leur congé de paternité ou demander un temps partiel… Les femmes osent moins : le DRH de Lyonnaise des Eaux, Frédéric Henrion, estime[69] qu'un homme postule à un poste quand il estime à 30 % ses chances de réussite d'être retenu alors que ce seuil s'élève à 50 % pour une femme. Celles-ci s'autocensurent, car elles projettent simplement ce qu'on leur a inculqué. Les résistances viennent aussi de la société. Nathalie Loiseau, dès sa prise de direction de l'ENA, a constaté les résultats du concours d'entrée dans cet établissement en 2012 : 40 % de candidates, 25 % de reçues. Elle analyse[70] : « *L'écrit, anonyme, mettait tout le monde à égalité, mais les filles décrochaient à l'oral… Dès les classes primaires, des chercheurs ont observé que les garçons ont plus souvent la parole que les filles. Puis arrivent les concours et la vie professionnelle où tout ce qu'on vous demande, c'est d'être à l'aise à l'oral ! Ça ne s'invente pas. Surtout quand les attentes des examinateurs ne sont pas les mêmes : culturellement, on commente plus le contenu pour un homme et la forme… pour une femme !* » Un travail pour éviter l'arbitraire et rendre plus objectives les compétences et les qualités attendues a permis en 2014 de recruter 45 % des femmes.

Il est désormais temps que les organisations se libèrent de ces préjugés, d'autant que la loi les y oblige à présent. L'intérêt est tout autant pour elles. Promouvoir la diversité et favoriser la promotion des femmes à des postes à responsabilité contribue ainsi à la performance financière des entreprises pour trois raisons :

— Recruter des hommes et des femmes élargit la taille du marché du travail et donc accroît la probabilité de recruter des ressources humaines de meilleure qualité.

— 80 % des consommateurs sont des consommatrices. Employer des femmes fait mieux comprendre les attentes des clientes.

— La diversité des points de vue améliore les processus de décision au sein de l'entreprise.

Importance de la relation

L'une des cinq dimensions du modèle d'analyse des organisations conceptualisé par l'anthropologue Geert Hofstede[71] est la composante masculine-féminine. Il s'agit de savoir si une organisation est, d'une part, plutôt plus sensible à des facteurs émotionnels (féminins selon lui) ou factuels (masculins) et, d'autre part, organisée avec une séparation marquée ou non des rôles des deux sexes dans les tâches de la vie quotidienne. Hofstede montre que pour les hommes et les femmes, le travail idéal présente des différences significatives. Pour les hommes, l'important est d'avoir de bonnes chances d'accéder à des postes d'un niveau plus élevé, d'avoir un salaire élevé, d'avoir la possibilité d'apprendre ou de se perfectionner, de rester au courant des développements techniques. Pour les femmes, ce qui est important est de travailler dans une atmosphère amicale, d'avoir la sécurité de ne pas être transférée à un poste moins souhaitable, de bénéficier de conditions agréables de travail et d'entretenir de bonnes relations avec son chef et avec ses collègues.

La plupart des études (on pourrait citer aussi l'expert en communication interculturelle Fons Trompenaars) s'accordent à dire que les valeurs féminines véhiculent une proximité relationnelle ! « *Il existe bel et bien des tendances, des aspirations symboliquement et psychiquement sexuées, comme la prédominance accordée à la vie affective et familiale et à la sécurité chez la femme, le goût de la lutte et du pouvoir chez l'homme*[72] », écrit le journaliste Paul-François Paoli.

L'écueil d'une telle segmentation est d'enfermer la femme et l'homme dans des postures archétypales. Il est vrai que la société actuelle attribue ou prête aux femmes, l'avenir nous dira ce qu'il faut en penser, des qualités d'écoute, de dialogue et d'attention. Qui aujourd'hui contrastent avec les valeurs dites masculines de réussite, de pugnacité et de performance. Il est vrai aussi que les garçons aiment naturellement les jeux vidéo d'action (et plus on tue, plus c'est fun !), que les violences des jeunes sont plutôt masculines, qu'aujourd'hui en France, 2 000 femmes sont en prison *versus* 65 000 hommes.

Les choses évoluent. La judiciarisation de la féminisation fait du bien aux organisations. Elle les oblige, elle nous oblige à remettre en cause nos propres filtres et partis pris qui pour la plupart viennent de notre éducation. Un sexe n'a pas le monopole d'une valeur ou d'une autre. Imaginerait-on aujourd'hui interdire aux femmes de passer le bac, de conduire, de disposer d'un compte en banque ou simplement de travailler ?

Une nouvelle écologie des organisations se crée, plus végétale qu'animale, plus liquide que solide. On passe du réussir dans la vie à réussir sa vie, du gagner au bien-être.

La féminisation du monde occidental milite pour plus de dialogue au sein des organisations. Qui s'en plaindra ? Le consensus l'emportera-t-il enfin sur la compétition ? La relation de pouvoir fera-t-elle place au pouvoir de la relation ?

Comment un manager est-il impacté par ces changements ?

Attention, dialogue, empathie, soutien : ces quatre vertus ou qualités ne sont pas enseignées à l'école. L'élève doit être attentif (ce qui est différent d'attentionné), silencieux, prendre pour argent comptant tout ce qu'enseigne le professeur et travailler uniquement pour soi. Notre système éducatif magistral nous formate à l'érudition et à l'obéissance. Il ne nous apprend pas à échanger, à faire preuve d'initiative, à être curieux, à aider un proche, à se mettre d'accord, à connaître ses voisins…

Or le management est un métier de relations humaines, qui passe nécessairement par la connaissance de ses interlocuteurs. Impossible de créer une relation approfondie avec quelqu'un qu'on ne connaît pas ! Et impossible de connaître quelqu'un si on n'a pas d'intérêt pour lui… Le manager n'est plus au-dessus de son équipe, il est au milieu en soutien. Ce n'est plus un donneur d'ordres, c'est un chef de projet, un chef d'orchestre, un passeur capable d'entraîner les énergies. Il fait plus attention à chacun et à la qualité de vie collective. Il est moins autoritaire, moins dans la « *rat race* » (la course au pouvoir dont on est sûr en plus que c'est un rat qui gagnera !), plus dans le dialogue, plus dans la relation. L'entraîneur de l'équipe de France de handball Claude Onesta[73] insiste : « *Manager, c'est se préoccuper avant tout des autres.* »

Il ne s'agit pas pour autant de manager par l'affect. Je ne crois pas à la générosité dans le monde du travail. La gentillesse n'est pas vraiment rentable. En revanche, réciprocité et bienveillance valent mieux qu'autorité et obéissance. C'est la théorie du don/contre-don de l'anthropologue Marcel Mauss illustrée par le sociologue Norbert Alter à l'aide d'un exemple tout simple : vous tenez la porte d'une sortie de métro…

1. La personne qui se situe à quelques mètres va accélérer, car elle sent que vous l'attendez.

2. Vous l'obligez une fraction de seconde et elle vous dira sans doute merci.

3. Vous serez heureux d'avoir rendu ce service.

4. La personne tiendra probablement la porte à une autre, démontrant la création d'un lien social ou au moins d'un minuscule début de relation.

L'apport est finalement le plaisir que vous avez éprouvé à créer du lien et un sentiment d'exister collectivement. La coopération implique la prise en compte directe des besoins de l'autre. L'accent est mis sur l'objectif partagé de faire œuvre commune, d'où la notion de réciprocité. Ainsi, pour créer du lien, il faut d'abord donner. J'ai vécu trois expatriations et créé plus de dix entreprises et associations professionnelles. Le retour d'expérience est constant : personne ne vous attend, il faut aller vers les autres pour les connaître, les rencontrer pour construire un réseau. Sans capacité à prendre contact et à écouter et s'intéresser à ses nouveaux interlocuteurs, aucune chance de démarrer quelque relation que ce soit.

Trois bonnes pratiques managériales

Limiter sa distance hiérarchique

Vous connaissez peut-être le proverbe chinois : « Aimez votre voisin, mais ne supprimez pas votre clôture. » Il ne s'agit pas de gommer la distance hiérarchique avec ses collaborateurs : une trop grande proximité peut nuire à une prise de décision difficile. Il s'agit plutôt de se rapprocher de ses collaborateurs.

Toute organisation implique par essence une forme de hiérarchie, selon Geert Hofstede. Ce qui varie nettement d'un pays à l'autre, ce sont le degré et la forme de domination qu'une société accepte ou non. La distance hiérarchique, l'une des cinq autres composantes de son modèle, désigne le degré d'acceptation culturelle des inégalités de statuts et de pouvoir entre les individus. Cette dimension révèle le degré de respect dont font preuve les gens vis-à-vis de leur hiérarchie et de l'autorité. Elle se mesure à la perception que le subordonné a du pouvoir de son chef. Elle correspond au degré d'inégalité attendu et accepté par les individus. Dans les pays à courte distance hiérarchique, l'encadrement est faible et l'éventail des salaires peu important. L'encadrement est considérable et l'éventail des salaires large dans les pays à longue distance hiérarchique. Les pays latins d'Europe, d'Amérique du Sud et d'Afrique noire maintiennent une grande distance hiérarchique. Les pays anglo-saxons, scandinaves et germaniques favorisent une distance hiérarchique courte.

Concrètement, cela joue sur la proximité relationnelle qu'un manager veut créer. Je me souviens de ce directeur logistique qui commençait toutes ses prises de parole en plissant le front. Il fronçait les sourcils et prenait un air contrarié, fermé, froissé. Le résultat immédiat était un sentiment de tension collective qui mettait tous les participants mal à l'aise. Je n'ai jamais réussi à le faire sourire et ses prédispositions naturelles de surveillant général l'ont emporté, au détriment de l'envie et du plaisir de travailler avec lui.

Les actions sont comme d'habitude faciles à proposer, mais difficiles à mettre en œuvre, car il s'agit de comportements à faire évoluer : pratiquer la convivialité au quotidien et pas demain, dire bonjour chaque jour, respecter chacun, ne pas jouer les chefs, montrer de la disponibilité et de l'écoute, faire attention à l'invisible…

Mais attention à ne pas être trop affectif ni à confondre proximité et promiscuité : il est essentiel de conserver du recul pour être capable de se confronter à la déception d'un proche si l'on devait prendre une décision qui irait à son encontre.

Une action toute simple : prendre un repas ensemble. C'est fou, le nombre de malentendus que l'on peut dissiper autour d'une table. Le jour où le patron n'a plus mangé avec ses ouvriers, la lutte des classes est née… Courage, déjeunons ensemble !

Favoriser le codéveloppement

Le codéveloppement, mis au point par les Canadiens Claude Champagne et Adrien Payette (leurs noms ne s'inventent pas !), favorise les regards croisés. C'est un atelier de partage où chacun améliore ses pratiques opérationnelles. Il faut y apporter une bonne dose d'écoute et d'ouverture pour éviter l'écueil de l'aphorisme d'Oscar Wilde : « *Je déteste les discussions, elles vous font parfois changer d'avis.* »

L'intérêt de cette modalité d'apprentissage est d'apporter des éclairages pragmatiques, rapides et souples (pas nécessairement des solutions) à des demandes spécifiques et individuelles de professionnalisation issues de l'activité quotidienne. La diversité des personnes, des expériences et des sensibilités enrichit la compréhension et les options d'action. L'intelligence collective est mobilisée. On prend du temps pour échanger.

Rien ne remplace le contact direct pour recueillir de nouvelles idées et progresser ensemble. Ici, on socialise les pratiques !

Consacrer quinze minutes par jour à l'écoute informelle

Chaque manager doit prévoir une plage d'imprévisible dans son agenda. Se laisser un quart d'heure par jour pour se donner le temps de rencontrer ses collaborateurs et de partager des moments d'écoute, d'échange sur des difficultés, de recherche de solutions, de célébration de succès… Développer la relation par des rituels, des immanquables… Favoriser les réunions informelles qui, lors d'un petit-déjeuner ou d'une pause autour d'une pizza, donnent un souffle de fraternité, car le manager ne va pas prendre deux parts de galette ou trois kirs sous prétexte qu'il est le chef ! Prévoir chaque jour un temps pour l'imprévu, pour l'écoute non programmée : l'écoute, c'est ne pas savoir ce qu'on va répondre avant que son interlocuteur ait fini de parler ! Adoptons le slogan de Mai 68 : « Aux examens, répondez par des questions ! » En un mot, dialoguer car l'opacité d'un silence ne présage souvent rien de bon. Mots absents, maux présents !

Et ne dites pas que vous n'avez pas le temps. Ou lisez l'article en ligne de la *Harvard Business Review*[74] : « *Si Obama s'organise pour rentrer à temps pour dîner, pourquoi pas vous ?* »

Nous apprenons tout petit que le masculin l'emporte sur le féminin. Dès la naissance, cette règle de l'accord de l'adjectif inscrit dans notre symbolique l'idée que l'un des sexes est supérieur à l'autre. Allons vers une règle grammaticale de proximité :

7. Développement durable

- Montée des exigences de toutes les parties prenantes, responsabilisation sociétale des organisations, anticipation de ses impacts, essor de l'économie sociale et solidaire
- Respect de la diversité et de l'environnement, sens éthique, souci des tiers et des plus vulnérables
- Être exemplaire ou au moins irréprochable, mesurer l'impact de son management, engager son équipe dans une contribution sociétale annuelle

En quoi consiste cette évolution ?

La toute-puissance tutélaire des marchés financiers a entraîné en réaction de nombreuses critiques et mises en garde contre un capitalisme excessif et dévorant. Les attentes d'un meilleur environnement, de santé, de respect des relations de travail, d'équilibre des relations commerciales clients ou fournisseurs..., se sont ainsi manifestées partout de façon plus vive face à une logique purement financière. Contrebalançant la financiarisation du monde, l'un des enjeux du XXIe siècle n'est plus de transformer le monde, mais de l'épargner, le préserver, le sauvegarder. Et, soyons ambitieux : de travailler pour un monde meilleur.

Du fait du développement des activités économiques les risques écologiques sont de plus en plus nombreux : épuisement des ressources naturelles, pénurie des ressources en eau, destruction des écosystèmes, diminution de la biodiversité, réchauffement de la planète par l'effet de serre, pollution des nappes phréatiques, marées noires, accidents nucléaires..., surviennent un peu partout dans le monde et jouent un rôle de catalyseur de l'accentuation des attentes environnementales à l'égard de l'entreprise.

Le véritable coup d'envoi a eu lieu en 1987, date à laquelle Gro Harlem Brundtland, alors ministre d'État de Norvège, définit l'expression « développement durable » dans son rapport « Our Common Future » (« Notre avenir à tous ») : « Un développement qui répond aux besoins du présent sans compromettre la capacité des générations futures de répondre aux leurs. » Cette définition institutionnalise un proverbe amérindien, dont beaucoup de politiques aiment endosser la paternité : « *Nous n'héritons pas de la terre de nos parents, nous empruntons celle de nos enfants.* »

Le professeur Albert Jacquard publiait en 2004 un article, « Finitude de notre domaine », dans *Le Monde diplomatique* : « *Jusqu'il y a peu, il était possible de regarder comme pratiquement infini, quasi inépuisable, le domaine qui nous était accessible. Les cartes de la planète comportaient de grandes taches blanches désignées comme* Terra incognita *; les biens qu'elle nous donnait étaient sans fin renouvelables ; chassés d'un territoire, il nous était possible d'en trouver un autre ailleurs. Désormais, nous n'avons plus d'ailleurs. [...] La sagesse est d'admettre que nous sommes définitivement assignés à résidence sur la Terre*[75]. »

Pour parvenir à ce développement durable, les entreprises, les pouvoirs publics et la société civile doivent travailler main dans la main afin d'intégrer aux mondes de l'économie et du social un troisième domaine qu'ils ont longtemps ignoré : l'environnement.

À long terme, il n'y aura pas de développement possible s'il n'est pas économiquement efficace, socialement équitable et écologiquement acceptable. Aujourd'hui, le droit sociétal apparaît au niveau international pour protéger l'environnement et l'avenir de la planète. Nous assistons au début du XXIe siècle à l'éclosion d'une législation mondiale encore très floue, mais certaine dans sa direction : les pressions convergent vers plus de responsabilité sociétale des entreprises. Elles se transformeront peut-être en lois qui seront essentielles pour garantir une économie équilibrée entre acteurs économiques. Le droit à l'environnement est inscrit depuis 2005 dans le préambule de la Constitution française, au même titre que les droits civiques, politiques, économiques et sociaux : « *Chacun a le droit de vivre dans un environnement équilibré et favorable à sa santé.* »

Voici l'un des faits de ce début de XXIe siècle : le réexamen des rapports de l'entreprise avec la société. L'objectif n'est plus de combattre le capitalisme, mais ses excès. Il ne s'agit plus de changer la nature du capitalisme, ni de lui opposer des contre-pouvoirs, mais de lui adjoindre de nouvelles finalités : faire évoluer les rapports du monde du travail pour un mieux vivre général. Ce n'est plus la pérennité du capitalisme qui est en cause, mais ses finalités. L'économiste français Michel Albert opposait[76] le capitalisme anglo-saxon, totalement subordonné au profit des actionnaires, au capitalisme rhénan modélisé en Allemagne, mais aussi très présent en Europe et sous des formes plus spécifiques au Japon : la prise en compte de tous les partenaires et des salariés y est présente avec le recours systématique au dialogue social. Un troisième capitalisme apparaît, qui marie l'intérêt des actionnaires et des clients, celui des salariés et, depuis peu, celui des partenaires de l'entreprise. Ce troisième capitalisme pourrait s'appeler le capitalisme européen, à la fois fusion de l'anglo-saxon et du rhénan, fondé sur l'efficacité, la qualité de vie au travail et l'utilité à la société. Pourquoi pas ?

L'économie positive s'inscrit fortement dans ce courant de pensée qui prône coopération et altruisme. Notre système actuel ne favorise pas la prise en compte du long terme ni des autres acteurs de la société. Les entreprises en sont « *les moteurs essentiels* », précise le *Manifeste pour une société positive* rendu public en 2014 par l'économiste Jacques Attali. Trois recommandations y figurent pour ces dernières :

- intégrer une mission sociétale dans leurs statuts ;
- augmenter les droits de vote des actionnaires en fonction de la durée de la détention des titres ;
- créer un statut d'entreprise positive avec les mêmes avantages que les associations reconnues d'utilité publique.

On ne peut qu'approuver cet altruisme intéressé.

Quelles conséquences sur le management des organisations ?

Montée des exigences de toutes les parties prenantes

Les attentes vis-à-vis de l'institution entreprise devenue toute-puissante et (très) riche s'accroissent et se multiplient. Le leader communiste Georges Marchais le scandait dans les années 1970 : « *Il faut faire payer les riches.* » Propos assurément pleins de bon sens, puisque c'est là que se trouve l'argent. Surtout en entreprise, où il est plus abondant et plus souple à obtenir en comparaison de la lourdeur des circuits de décision de la fonction publique. Et puis, autre raison, l'entreprise est à l'origine de la plupart des nuisances environnementales. Enfin, la tyrannie d'un modèle économique révolte certains : « *L'économie était censée nous affranchir de la nécessité. Qui nous affranchira de l'économie ?* » demande Pascal Bruckner[77].

Même un sceptique qui ne croirait qu'à moitié à la philosophie d'une richesse partagée et utile pour tous aurait intérêt à intégrer ces pressions diverses. La conviction d'investisseurs de plus en plus nombreux, la contestation même désordonnée et hétéroclite de la société civile, les contraintes législatives croissantes, les aspirations actuelles des salariés, la dénonciation des pratiques non éthiques... sont autant d'exigences qui s'imposent quelquefois aussi inopinément que brutalement. L'organisation travaillant dans un univers ouvert et fluide est de plus en plus interpellée sur le sens et l'impact de ses activités, par ses salariés comme dans son quartier et ses pays d'implantation.

Un exemple : le monde entier se numérise, au bénéfice de tous les utilisateurs. Sauf qu'aujourd'hui, dix milliards d'e-mails sont envoyés chaque heure dans le monde ! Cela représente la production de quinze centrales nucléaires. Si Internet était un pays, il serait le cinquième consommateur mondial d'électricité. Comme on sait que le volume de données échangées double tous les deux ans, on voit se dessiner une facture environnementale prodigieuse. Comment intégrer ou plutôt diminuer cette boulimie énergivore ?

Responsabilisation sociétale des organisations

Face à cette irruption de la société civile, les organisations sentent la nécessité de s'engager, même si elles bégaient des réponses encore défensives dans leurs approches. Certaines se verdissent, d'autres y trouvent des sources d'innovation (tri sélectif, recyclage, commerce équitable, toutes les activités en co-...), mais la plupart « *talk their way, don't walk their way* ». Elles parlent plus qu'elles n'agissent. Et leur budget développement durable reste durablement égal à zéro ! Les organisations les plus sensibilisées, un cynique dirait surtout les plus polluantes, s'achètent une légitimité en affichant leur conformité à la norme ISO 14001 ou en proposant toutes sortes de produits-services plus verts ou en parrainant des causes proches de leur raison sociale. Cependant, la demande est à plus d'engagement et au renforcement du poids des parties prenantes dans les gouvernances.

À l'heure où tout le monde admet que la durabilité est un objectif central, ne serait-il pas raisonnable, en paraphrasant le « *think global and act local* », de suggérer aux dirigeants qu'ils acceptent de « *think long term and act now* » ?

Une organisation se trouve à présent au centre d'une communauté d'intérêts divergents. Elle doit faire face à trois enjeux :

— L'impératif d'apport de valeur (fini l'alibi du « je fais de mon mieux ») : propriétaires, clients et citoyens demandent des résultats et du service au meilleur niveau mondial.

— Sa responsabilisation au-delà du juridique (fini le statut à responsabilité limitée) et auprès de tous (fini le statut anonyme) : sa nouvelle dimension publique accroît son exposition et la rend vulnérable.

— Le refus des salariés/agents de l'embrigadement (fini l'adhésion à vie) : l'entreprise doit intégrer la multi-appartenance de chacun.

L'organisation doit aujourd'hui reconnaître et engager sa responsabilité pour satisfaire ces trois exigences et pour éviter une médiatisation sans pitié. Évaluer le risque d'opinion permet de se prémunir contre des retombées néfastes : il est trop important pour ne pas l'intégrer dans son management au quotidien. L'importance vient du fait que les actifs immatériels, sa marque, prennent plus de valeur et obligent ainsi à plus d'attention managériale. L'expérience montre que l'attaque de l'image provient d'une source souvent peu experte, mais très ancrée dans le registre de l'émotion. Ce qui rend plus difficile le retour à un dialogue factuel.

Le Pacte mondial des Nations unies propose aux organisations un engagement à aligner leurs opérations et leurs stratégies sur dix principes universellement acceptés touchant les droits de l'homme, les normes du travail, l'environnement et la lutte contre la corruption.

À elles de choisir leur camp : pollinisatrices ou destructrices ?

Anticipation de ses impacts

Une organisation, au-delà de sa simple logique de résultat économique ou de service au public, ne peut plus agir sans prendre en compte les impacts directs et indirects de ses décisions sur la société et sur ses salariés. Son rôle ne se résume plus à la création de richesses et d'emplois. Elle se doit d'être plus attentive pour acquérir sa nouvelle légitimité : attentive aux modalités de son insertion dans la société (contribuer à de meilleures conditions de vie sur terre, ou à tout le moins ne pas les dégrader), ainsi qu'aux attentes de ses salariés. Sa finalité n'est plus seulement économique pour le privé et sociétale pour le public. Elle devient aussi un moyen au service de la société qui en attend dorénavant trois contributions : utilité sociétale, efficacité économique, accomplissement humain.

Un nouveau modèle, que j'ai appelé « l'entreprise durable[78] », est nécessaire pour intégrer ces quatre couples finalités-bénéficiaires souvent opposés :

- la performance, qui crée la richesse pour les propriétaires ;
- la satisfaction des clients, qui conforte la pérennité ;
- l'accomplissement des salariés, la capacité à être une entreprise où il fait bon travailler ;
- l'utilité à la société (fournisseurs, professionnels, locaux, sociétaux...), l'impact à long terme de son activité sur tous les environnements.

C'est l'un des grands changements de ce siècle. L'organisation est exposée aujourd'hui à une dimension publique : elle n'est plus seulement face à son marché, elle est aussi face à la société.

Essor de l'économie sociale et solidaire

Depuis la première société coopérative créée en 1844 par des tisserands anglais, la sphère économique coopérative s'est construite à partir de valeurs essentielles : démocratie, solidarité, responsabilité… Les Nations unies, cent cinquante ans plus tard, évaluaient que les coopératives amélioraient les conditions de vie d'une personne sur deux dans le monde. Aux coopératives se sont regroupées rapidement mutuelles, associations ou fondations pour constituer une économie sociale et solidaire (ESS) qui cherche à concilier activité économique et utilité sociale, donnant la primauté aux personnes sur la recherche de profits.

Aujourd'hui, l'ESS désigne un ensemble d'organisations dont le fonctionnement interne et les activités sont fondés sur les principes de solidarité et d'utilité sociale. Acteur économique de poids, l'ESS représente en France 10 % du PIB avec deux cent mille structures et 2,3 millions de salariés. L'économie de partage trouve aujourd'hui un grand essor sous des formes diverses : économie collaborative, entrepreneuriat social, business inclusif, économie circulaire participative, *crowdfunding* ou financement participatif…

Trois facteurs expliquent ce développement :

- la création d'un nouveau lien social ;
- le passage de la propriété à l'usage ;
- la remise en cause des intermédiaires classiques grâce à la numérisation.

C'est ainsi qu'on voit apparaître les Autolib', BlaBlaCar, Kickstarter, KissKissBankBank et autres Vélib'... Toutes ces coopérations (covoiturage, coworking, cohabitation...) postulent l'échange et la réciprocité des apports et des satisfactions. L'organisation est pensée comme l'actrice d'un écosystème de cercles vertueux de consommation grâce à la symétrie des attentions, elle vise l'intérêt commun de toutes les parties prenantes. Mais restons les pieds sur terre, cette économie de partage ne partage que de la capacité existante. On ne le fait pas pour se désengager de la propriété, mais pour la garder et pour récolter un peu d'argent. Cela reste un vrai business qui s'appuie sur quatre fondamentaux : de la capacité disponible (votre voiture garée à 95 % de son temps), un intérêt des deux parties, de faibles coûts de transaction (merci Internet) et une offre suffisante. C'est ce que répondait Franck Riboud, le président de Danone, interviewé par *La Tribune* en mai 2012 : « *Que le business soit social ou capitaliste, il n'échappe pas à la logique de la rentabilité. Pour être pérenne et efficace, donc utile, un* social business *doit dégager des bénéfices opérationnels. Ce qui change, c'est que les bénéfices ne sont pas distribués sous forme de dividendes mais intégralement réinvestis. Le* social business *oblige aussi à mesurer d'autres dimensions de la réussite que la simple performance financière. La règle absolument intangible pour qu'une entreprise soit pérenne et durable, c'est d'être performante et de pouvoir financer son développement. Si elle veut y parvenir sans recourir aux prêts ou aux fonds capitalistes, elle doit impérativement dégager des bénéfices qu'elle peut réinvestir. Sans cela, on ne parle pas d'une entreprise mais d'une association, dépendant des dons.* »

Le paradoxe dans cet écosystème est que l'on vit dans un monde dominé par la défiance, alors que la réussite de ce business repose sur la confiance et sur l'art de mobiliser ses utilisateurs. Allons-nous ajouter au *B to B* et au *B to C* le nouveau modèle du XXIe siècle : le *H to H* (*human to human*) ou le pair-à-pair ?

Comment un manager est-il impacté par ces changements ?

Respect de la diversité et de l'environnement

Les formes de lutte contre les discriminations et atteintes à l'environnement sont nombreuses :

— Côté diversité : atteindre l'équité hommes-femmes, agir en faveur des jeunes des quartiers sensibles, recruter des travailleurs handicapés, réduire les inégalités entre les hommes et les femmes, favoriser l'apprentissage et la professionnalisation des jeunes, proposer des actions pour mieux gérer la dynamique professionnelle des seniors…

— Côté environnement : préserver les ressources naturelles, respecter les écosystèmes, maintenir la biodiversité, veiller à l'insertion harmonieuse des bâtiments (HQE), améliorer l'empreinte écologique…

La difficulté ici est que beaucoup de managers sont convaincus de la nécessité de conduire ces actions, toujours d'ailleurs avec l'encouragement de leur organisation, mais il reste que c'est rarement la priorité. La Maison du Management a titré en 2014 l'une de ses conventions : « Les managers face à la RSE : ils croyaient, mais ne pratiquaient pas. »

Si les outils sont là (ISO 14001 et 26000), la priorité de l'organisation n'existe pas. Les objectifs RSE ne sont pas intégrés dans les quatre ou cinq indicateurs clés et la sanction est inexistante. Sauf pour quelques entreprises pionnières comme Danone, qui répartit les primes attribuées à ses managers selon la règle des trois tiers, à égalité entre résultats financiers, managériaux et sociétaux.

Sens éthique

Une forte demande de l'opinion publique porte sur plus d'éthique dans la conduite des affaires : lutte contre la corruption, moins de pollution, plus de décence dans l'attribution de primes, des écarts de salaires moins disproportionnés, introduction du « *say on pay* »[79]... C'est légitime, l'entreprise n'est pas éthique par nature. Pour plusieurs raisons :

– La science économique et la technique financière sont amorales.

– L'entreprise n'agit pas de façon désintéressée. L'expression « éthique commerciale » est un magnifique oxymore qui fait penser à « l'obscure clarté » de la lune !

– L'éthique relève de la conscience individuelle.

Les entreprises se dédouanent souvent de cette pression par un mot : conformité. Mais ce n'est pas la demande, il s'agit d'aller au-delà. Les nombreux travaux sur le concept de « *corporate social performance* », mis au point entre autres par le professeur de management américain Archie Carroll dès 1979, distinguent quatre niveaux de responsabilité progressifs pour une entreprise (« *profitable, legal, right, good* ») :

1. Économique : c'est sa raison sociale de produire des biens et services.

2. Juridique : elle doit se conformer à toutes les législations et réglementations en vigueur.

3. Éthique : elle adopte des conduites attendues par la société, mais généralement non codifiées.

4. Philanthropique : elle décide totalement de ses actions discrétionnaires : mécénat artistique, parrainages, lutte contre le chômage, la pauvreté, la maladie...

Un cinquième niveau émerge au XXIe siècle qu'on pourrait sans doute qualifier de responsabilité active ou interactive : l'entreprise, au lieu de décider d'elle-même ce qui est bon pour la société (niveaux 3 et 4), mobilise ses parties prenantes et prend des engagements dans le champ de la RSE qui se traduisent en plans d'action et indicateurs. Nos organisations ne se situent pas encore très haut sur l'échelle de la responsabilité : l'optimisation fiscale est l'exemple type de la différence entre juridique et éthique pour une entreprise. Jusqu'où profiter du système ?

Il n'existe pas de démarche modèle : à chaque entreprise son métier, ses risques, son histoire, sa croissance, sa volonté d'intégrité. Mais il est sûr que la démarche éthique d'une entreprise se construit par le management : elle a besoin d'un pilote et de relais. Seul un management convaincu et attentif peut donner consistance à la démarche. C'est l'éthique personnelle de chaque manager qui est ici sollicitée.

Souci des tiers et des plus vulnérables

Quelle formule généreuse ! Mais quelle rare prise en considération ! Reprenons la citation d'Olof Palme qui clôture le chapitre 4 : « *La société doit être exigeante envers les forts et douce envers les faibles.* » Et l'entreprise qui fait le contraire…

Le rôle du manager évolue cependant. La responsabilité du cadre s'arrêtait à son entité, le manager aujourd'hui en anticipe les impacts. Il intègre le principe de précaution et de préoccupation des tiers (le « *care* », le soin), il fait attention aux impacts de son activité auprès de toutes ses parties prenantes et particulièrement des plus fragiles. Le sociologue Serge Guérin est l'un des rares intellectuels en France à se consacrer à la question du « *care* », dont il propose un prolongement avec la notion d'« accompagnement bienveillant ». Son propos[80] n'est pas une simple conciliation entre vulnérabilité et performance, mais une incorporation des deux. Il s'agit d'inventer un management sensible, capable de prendre en compte la diversité des situations et des expériences des salariés comme celle des consommateurs. La diversité est parfois source de frottement et de perplexité, mais aussi d'apprentissage et d'enrichissement.

Trois bonnes pratiques managériales

Être exemplaire ou au moins irréprochable

On est responsable de ce qu'on fait, on est aussi responsable de ce qu'on laisse faire. La maxime est sans appel. Combien de fois laissons-nous se produire des injustices ou simplement des dysfonctionnements ? L'indifférence, voire le cynisme, est facile devant un enjeu de long terme ou une partie prenante lointaine. Être responsable, c'est faire preuve de courage, décider, dire les choses, savoir dire non… C'est être capable de sortir de sa zone de confort.

Pourquoi vouloir être exemplaire ? Tout simplement, parce qu'assurer la cohérence entre ses paroles et ses actes donne de la crédibilité et autorise la demande d'exigences auprès de ses collaborateurs. L'homme d'affaires américain Warren Buffett le souligne à sa façon : « *Pour recruter, vous devez rechercher trois qualités : l'intégrité, l'intelligence et l'énergie. Si la première est absente, les deux autres vous tueront*[81]. » Tout manager est regardé par ses collaborateurs, et son comportement inspire celui des autres. Il ne doit pas seulement dire les comportements au travail, mais les incarner concrètement et au quotidien. D'autant que l'exemplarité peut être contagieuse : elle montre et démontre que se conformer aux règlements et intégrer l'impact de ses actes dans une décision est à la portée de chacun. L'impact en est d'autant plus fort et stimulant auprès des équipes.

Rappelons-nous que l'ennemi de l'exemplarité est la mauvaise foi ! Voici deux citations pour le démontrer :

– Edgar Faure ayant été qualifié de girouette : « *Ce n'est pas moi qui tourne, c'est le vent...* »

– le vicomte Philippe de Villiers : « *Je ne suis pas d'extrême droite, ce sont mes électeurs qui le sont.* »

Cependant, on n'est peut-être pas toujours un saint et s'ériger en exemple ou en modèle peut constituer un contre-exemple, c'est le cas de le dire. Il n'y a que chez les couturiers que patron est synonyme de modèle ! Il est essentiel au moins d'être crédible pour ses collaborateurs. C'est-à-dire de faire preuve d'intégrité, d'honnêteté, de ne jamais transiger sur l'éthique ou le sens moral, de reconnaître ses erreurs... On sait que la grande difficulté en communication n'est pas la qualité du message, mais la crédibilité de l'émetteur : le monde politique est malheureusement truffé d'exemples de messages qui ne passent pas ! Trop d'approximations, trop de biais, trop de promesses non tenues, trop de retournements... La crédibilité est mère de la confiance. Le manager de discours devient alors un manager de parole ! C'est tout l'enjeu : un manager qui n'est pas cru est cuit !

Mesurer l'impact de son management

Pour progresser, rien de tel qu'attirer la critique à soi. Et pour se remettre en cause, il faut créer un environnement qui favorise une confrontation bienveillante des points de vue.

Il n'y a pas de progrès sans mesure, lit-on partout chez les instituts qui ont opinion sur rue (pardon pour le jeu de mots, mais je ne peux m'en empêcher...). Faux : le progrès peut très bien exister sans être mesuré ! Comme si, sans mesure, le progrès était impossible. En revanche, il se nourrit du regard de l'autre, de la remise en cause par autrui. L'auteur franco-américain Anaïs Nin le dit bien :

« *Nous ne voyons pas les choses comme elles sont, nous les voyons comme nous sommes.* »

La bonne pratique est facile, même si elle demande un peu de courage : demander à ses collaborateurs comment améliorer son management. Ou de façon plus large, mettre en place un 360° d'entreprise : salariés, mais aussi hiérarchie, clients internes ou externes, tiers (autres managers, fonctionnels...). En un mot, multiplier les regards pour identifier les points de progrès.

Engager son équipe dans une contribution sociétale annuelle

Les possibilités de participer et de s'impliquer dans la vie de la société sont nombreuses : achat équitable, tri sélectif, portes ouvertes, articles et publications, actions contribuant à l'amélioration de l'environnement de proximité, forums emploi, participations à des associations locales ou professionnelles, professorat... L'action est choisie en équipe et mise en œuvre en équipe. Ainsi, les managers de Manutan International consacrent une journée de RTT à la cause sociétale de leur choix.

Le succès d'une démarche d'engagement sociétal repose sur trois points : l'ancrage dans le contexte local, la résonance avec le métier de l'activité et l'envie des membres de l'équipe.

Rabelais écrit :

 *Science sans conscience n'est que ruine de l'âme.* 

Je détourne :

 *Organisation sans âme n'est que ruine de la société.* 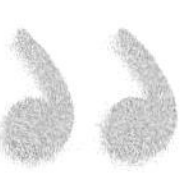

---

8. Montée de l'émotion sur la raison

- Premier facteur des meilleures expériences clients, intégration de l'affectif et de l'opinion dans la vie de tous les jours
- Intelligence émotionnelle et situationnelle
- Savoir gérer et créer une émotion, s'améliorer grâce aux feed-backs et réclamations, prévenir et traiter les situations sensibles

En quoi consiste cette évolution ?

D'abord qu'est-ce que l'émotion ? Aristote décrivait quatre émotions de base : la colère, la pitié, la peur, le désir. Descartes distinguait six passions primitives : l'admiration, la haine, l'amour, le désir, la joie et la tristesse. Six émotions primaires se retrouvent dans toutes les ethnies : joie, peur, dégoût, surprise, colère, tristesse. Je préfère la typologie proposée par Véronique Tran[82], plus opérationnelle, car elle se structure par effets :

- les émotions d'accomplissement : joie, fierté, satisfaction, sérénité… ;
- les émotions porteuses : espoir, intérêt, surprise… ;

- les émotions de résignation : tristesse, peur, honte, culpabilité… ;
- les émotions agressives : envie, jalousie, colère, dégoût, mépris…

Depuis toujours, nous ressentons des émotions. La nouveauté est qu'elles ne sont plus bannies du monde du travail. Leur caractère incontrôlable et non rationnel nuisait aux bonnes relations d'ordre. On craignait leur pouvoir de passage à l'acte irréfléchi, leur capacité de décision « à la place » des individus. Il fallait rester impassible jusque dans ses sentiments : les états d'âme au vestiaire, refoulement et déni de rigueur. Révolution : aujourd'hui, on loue la capacité des émotions à mieux penser le monde, pour ensuite mieux agir sur lui ; on met en avant leur propension à encourager la réflexivité (qui relie monde intérieur et monde extérieur) et donc l'authenticité ; on apprécie leur aptitude à mettre en mouvement (émotion vient du latin *motio* : action de mouvoir).

Les neurosciences ont montré que les émotions n'étaient pas des simples réflexes issus du système limbique, semblables à une relation stimulus-réponse. Depuis le début des années 1990, les spécialistes ont découvert que les émotions nourrissaient des rapports étroits avec les régions corticales, ce qui explique la puissante corrélation avec la cognition. Ceci facilite bon nombre de mécanismes de l'esprit humain : existence, évaluation, interprétation, créativité… Le colloque de la FNEP[83] en 2011 s'intitulait « Je sens, tu ressens, nous sommes ». Exprimer ses émotions n'est plus un aveu de faiblesse, mais une promesse d'énergie positive.

Pour Norbert Alter[84], les émotions qui passent dans les échanges jouent un rôle structurant dans l'évolution du lien de coopération. Exprimer une émotion revient à se dévoiler, à perdre une partie de son intimité. En même temps, elles donnent un sens à la relation et une valeur aux yeux des personnes : « *La coopération se construit donc sur ces sentiments partagés, de l'empathie, lors de discussions, par des petits actes de gentillesse, comme l'envoi de petits mots. La manifestation des émotions et leur partage permettent de signifier son appartenance à un groupe, de le reconnaître publiquement. Il existe ainsi une codification de l'expression des émotions, de même qu'il existe une mise en scène de l'acte de donner et de rendre. Ainsi, on ne peut rendre immédiatement après avoir reçu, sous peine d'offenser le donateur.* »

Cependant, l'émotion est aussi quelquefois envahissante et l'emporte sur le fait. Trois exemples en attestent :

– Total, dans les affaires Erika ou AZF, s'est retranché derrière sa responsabilité juridique. À juste titre sans doute. Ses obligations légales n'étaient pas remises en cause. Mais ce faisant, la compagnie est apparue comme une entreprise pingre et sans cœur et n'a pu dissocier son nom de l'image d'un pollueur indifférent au sort des personnes lésées. Le *Financial Times* titrait au sujet du naufrage de l'Erika : « *When Emotion Rules The Law* ». L'opinion publique attend plus que la légalité.

– Au moindre accident, la sphère politique et médiatique appelle à l'indignation, puis à la législation. Il paraît que nul n'est censé ignorer la loi. Avec huit mille lois, plus de cent dix mille décrets en vigueur et quatre cent mille normes, le plus studieux des juristes ne relèverait pas un tel défi… La Direction de l'information légale et administrative (DILA), direction d'administration centrale des services du Premier ministre, le reconnaît candidement sur son site : « *Cet adage représente en fait une fiction juridique* » ! L'émotion est un bien mauvais législateur.

– Autre exemple affligeant : la télévision d'aujourd'hui. Il me souvient d'avoir écouté une interview de Jacques Brel à la télévision dans les années 1970 : 100 % gros plan sur lui pendant toute l'émission. Aujourd'hui, des intervieweurs comme Marc-Olivier Fogiel ou Cauet prennent au moins 50 % du temps d'antenne pour eux tout seuls et scénarisent des histoires, peut-être émouvantes sur le coup, mais oubliées dès le lendemain. Pire encore, on commente les commentaires des commentateurs : la pensée-minute, la phrase du jour, le tweet des people… Les chaînes d'information en continu développent des offres boulimiques de scoops inutiles et de débats sans enjeu. L'omniprésence des médias conduit à une surenchère : on vend de l'émotion !

Comment agir ? Le moine bouddhiste Matthieu Ricard précise[85] que l'empathie (ou résonance affective) n'est pas suffisante. Elle « *joue un rôle essentiel pour vous alerter sur la situation de l'autre… Mais si vous n'avez pas d'autre ressource intérieure à votre disposition, la bienveillance en particulier, vous succomberez rapidement à un épuisement émotionnel appelé burn-out* ». Ce proche du dalaï-lama milite pour une méditation de pleine conscience, un entraînement de l'esprit qui entraîne l'activation de l'insula et du cortex cingulaire favorables aux émotions positives. Vingt minutes de pratique quotidienne contribuent significativement à la réduction de l'anxiété, du stress, de la tendance à la colère et à l'augmentation de la bienveillance et les comportements altruistes.

Quelles conséquences sur le management des organisations ?

Premier facteur des meilleures expériences clients

L'expérience client est un levier essentiel de différenciation pour les marques. Quels sont lors d'un achat les trois facteurs les plus importants[86] ? Le plaisir et l'émotion ressentis (36 %), le produit lui-même (20 %) et l'humanisation de la relation client (19 %). Le prix vient au quatrième rang pour 16 % des répondants. Vous connaissez sans doute le vieil aphorisme, toujours pertinent : « *Le prix s'oublie, la qualité reste.* » Il faudrait proclamer aujourd'hui : « *Le prix s'oublie, l'émotion l'emporte.* »

Le marketing migre de l'étude des besoins à celle des envies. À la « *mass customisation* » succède la « narcissisation » du consommateur. La génération selfie. Le marketing expérientiel cherche à créer un univers en sollicitant les cinq sens du consommateur, le but étant de lui faire vivre une expérience unique. Les cinq sens sont sollicités et génèrent des émotions uniques. Les relations deviennent hyperpersonnalisées et associées à une sensation. Émoi et moi !

Les entreprises sont nombreuses à rechercher cette émotion auprès de leurs clients. Steve Jobs voulait faire d'Apple une « *hot company* » avec des produits à fort contenu émotionnel. Nespresso prouve que l'on peut venir de la grande consommation et proposer un produit glamour qui emprunte les codes et les tics du luxe ; boire un café devient une expérience sensorielle, tactile, sensuelle : « *What else?* » Michel et Augustin, les trublions du goût, proposent quant à eux une gamme alimentaire premium et fun dans un marché plutôt banalisé.

L'émotion devient un des facteurs clés de réussite d'une vente : c'est le service dont on se souvient. D'autant que la numérisation a ouvert de fantastiques espaces de démultiplication avec les « fans de » et « like ». Un effet viral peut faire gagner le jackpot comme tarir sèchement les ventes. Une décision d'achat se prend après avoir consulté ses proches comme d'habitude, mais désormais aussi ses réseaux sociaux et les forums concernés. Et là, gare à une mauvaise réputation ! On sait bien qu'un client satisfait le dit à trois personnes et qu'un client mécontent en parle à dix, et avec ses réseaux sociaux, à dix mille !

Intégration de l'affectif et la perception dans la vie de tous les jours

Les organisations qui aiment bien tout contrôler doivent apprivoiser l'émotion. Aussi bien vis-à-vis de l'externe qu'en interne.

En externe, l'organisation joue sa réputation, son capital confiance. Aujourd'hui, n'importe qui peut influencer une entreprise. Il suffit d'acheter une action et se plaindre en assemblée générale. Il suffit d'un courrier des lecteurs dans un journal ou magazine. Il suffit de créer un site anti-entreprise et de détourner logos, visuels et slogans. Il suffit d'un blocage routier retransmis au journal télévisé. Or une minorité est toujours au départ créditée d'un *a priori* favorable, dans la mesure où elle s'oppose en victime à plus grand qu'elle. Le philosophe Gilles Lipovetsky le confirme[87] : « *Le danger à venir réside moins dans l'effondrement des démocraties politiques que dans leur harcèlement par des minorités dangereuses.* » La facilité offerte par les techniques de communication invite tout contestataire à créer des contre-pouvoirs avec une facilité déconcertante. Les dispositifs d'écoute de l'opinion et de communication de crise sont à renforcer.

En interne, considérer l'émotion devient un critère de prise de décision. On sait que tout projet de transformation fait passer le relationnel avant le rationnel et qu'un conflit personnel est souvent plus difficile à résoudre qu'une question financière. Il est donc quelquefois essentiel de surseoir à une décision et de mieux partager les ressentis. Le colloque de la FNEP (voir p. 136) concluait : « *Lorsque l'humain est pris en compte avec ses émotions, il apporte plus de performance, plus de cohésion et plus de solidité aux organisations, tout en s'épanouissant individuellement.* »

Le management deviendrait-il une affaire de cœur ?

Comment un manager est-il impacté par ces changements ?

L'intrusion de l'émotion dans le domaine rationnel de l'organisation a fait basculer la cloison de l'ancien monde entre sachants et apprenants et donc les barrières des normes, des règles, de la hiérarchie. C'est un réel défi à relever pour le manager, traditionnellement plus père que frère. Il hérite d'un projet d'entreprise construit sur du contenu, doit faire vivre une communauté, voire une tribu qui vit de l'affect. Le canon du management était la maîtrise, la planification, le contrôle. Il devient la fluidité relationnelle. Le management n'est pas un processus ni une position formelle. Le management est une pratique relationnelle, c'est 10 % de technique et 90 % de relation. L'esprit de finesse prend sa revanche sur celui de géométrie.

Autant de managés et autant de situations, autant de façons de manager : le management nc peut être efficace que personnalisé et contextualisé. Il nécessite, au-delà des compétences organisationnelles, une forte intelligence émotionnelle et situationnelle. Le manager devient un bricoleur de génie, pas dans le sens où il « bidouille » de petits aménagements, mais au sens artisanal du terme : il crée du sur-mesure avec ingéniosité et en permanence.

Intelligence émotionnelle

Les premières recherches sur l'intelligence émotionnelle sont récentes, puisqu'elles datent de la publication en 1990 de l'article « Emotional Intelligence » des professeurs de psychologie Peter Salovey et John Mayer. Ceux-ci la définissent comme « *l'habileté à percevoir et à exprimer les émotions, à les intégrer pour faciliter la pensée, à comprendre et à raisonner avec les émotions, ainsi qu'à réguler les émotions chez soi et chez les autres* ». Le psychologue-journaliste américain Daniel Goleman[88] vulgarisera ensuite quatre concepts principaux :

— Le premier, la conscience de soi, est la capacité à comprendre ses émotions, à reconnaître leur influence et à les utiliser pour guider ses décisions.

— La maîtrise de soi consiste à maîtriser ses émotions et impulsions et à s'adapter à l'évolution de la situation. Hewlett-Packard a même intégré dans ses critères d'évaluation « l'élégance sous la pression ».

— Le troisième, la conscience sociale, englobe la capacité à détecter et à comprendre les émotions d'autrui et à y réagir.

— Enfin, la gestion des relations correspond à la capacité à inspirer et à influencer les autres tout en favorisant leur développement et à gérer les conflits.

Goleman inclut aussi un ensemble de compétences émotionnelles correspondant à chacun de ces concepts. Les compétences émotionnelles ne sont pas des talents innés, mais plutôt des capacités apprises qu'il faut développer et perfectionner afin de parvenir à un rendement exceptionnel. Pour lui, l'intelligence émotionnelle s'ouvre à quelque chose de beaucoup plus large : « *Il existe un vieux mot pour représenter l'ensemble des compétences liées à l'intelligence émotionnelle : le caractère.* »

La reconnaissance du quotient émotionnel dans les entreprises constitue vraiment un changement. Nous savons tous qu'une personne est mille fois plus complexe qu'une machine ou un process ! Chacun a son caractère, ses attentes, sa sensibilité, ses rythmes, son rapport au travail… Nous savons tous que nous sommes truffés de croyances limitantes, souvent héritées de l'enfance. La nouveauté vient de ce que nous pouvons les exprimer. Les conséquences bénéfiques sont nombreuses : mieux comprendre les sentiments d'autrui, exprimer des griefs sous forme de critiques fécondes, pouvoir régler des désaccords avant qu'ils ne s'aggravent, travailler en état de fluidité, créer une atmosphère dans laquelle la diversité est un atout plutôt qu'une source de friction…

Quels sont les profils actuels de nos managers ? Des QI élevés et des QR (quotient relationnel) non pris en compte. L'école enseigne des disciplines intellectuelles et non comportementales. Elle n'apprend pas à nouer des relations, à être aimable, à traiter un conflit, à rendre service (où est le prix de camaraderie ?), à être joyeux (où est mon prix de bonne humeur ?)… Où apprend-on l'intelligence du cœur ?

La plupart de nos grandes écoles, universités et autres MBA font des têtes bien faites rationnellement. Apprend-on à animer des collaborateurs, à développer leurs compétences, à traiter de situations sensibles… ? Non, nos études ne nous forment pas à l'importance de la relation, à l'intelligence relationnelle qui est l'aptitude à communiquer, à comprendre ses émotions et celles de ses interlocuteurs, à vivre les uns avec les autres… Le talent relationnel est l'art de développer des relations humaines positives, directes, libres et chaleureuses. Pourquoi ne mesure-t-on pas cette qualité ? La bonne nouvelle est la prise de conscience de notre retard éducatif : 75 % des experts WISE (étude citée plus haut p. 63) estiment que les compétences personnelles vont devenir d'ici à 2030 plus essentielles que la maîtrise des connaissances, ces dernières étant accessibles à tout moment.

Écoutons Franck Riboud, toujours interviewé par *La Tribune* : « *En Europe en général, le climat n'incite pas spécialement à la prise de risque. Dans l'Hexagone, on a eu trop souvent tendance à ne valoriser qu'un seul type de talent : la réussite scolaire, et pour être caricatural, le talent mathématique. Souvent la presse relate ma passion pour le sport. Mais oui, je considère qu'un sportif ou un musicien possèdent des qualités qui doivent pouvoir s'exprimer et trouver leur place en entreprise et donc dans les cursus classiques d'enseignement supérieur. Dans certains pays, vous pouvez intégrer une université non pas parce que vous "surperformez" en sciences mais parce que vous être un bon tennisman. Et cela ne pose aucun problème, au contraire. Ce devrait être le cas en France. On en est loin.* »

Puisqu'un manager doit apprendre autant à être qu'à faire et à accompagner, il serait logique de déployer dans les organisations des centres de méditation (fitness du cerveau) au même titre que des salles de sport ou des services de conciergerie. « Search Inside Yourself » est un programme déjà développé par Google pour généraliser la pratique de la méditation dans l'entreprise. Démarche pertinente ou farfelue ? À méditer bien sûr…

Intelligence situationnelle

Le management demande autant d'attention que la conduite d'une voiture : observer, identifier un écart, une difficulté requiert une vigilance à tout moment envers chacun. L'enjeu consiste à analyser la route à chaque instant et à mobiliser les moyens dont on dispose pour agir efficacement.

Il s'agit de comprendre des situations inattendues, de prendre du recul et de réagir à des procédures qui quelquefois nient la souplesse et l'initiative alors que la situation l'exige. Pas facile de quitter l'effet addictif de la procédure et de sa novlangue managériale « isotérique ». Il ne faut pas craindre de troubler le refrain du « pas de vagues » ou du trop rassurant « tout est sous contrôle ». Comprendre l'urgence, la gravité, la précarité, parfois le découragement… et les intégrer dans sa réponse oblige à contextualiser le management. C'est ajouter au raisonnement la résonance. Et ne pas avoir peur de la nouveauté. Rien ne sert de s'angoisser par anticipation ou de crier avant d'avoir mal, Montaigne nous l'a écrit[89] : « *Qui craint de souffrir souffre déjà de ce qu'il craint.* »

La complexité croissante de l'environnement business impose de privilégier avant tout les enjeux sur les processus. Le texte fait place au contexte. Le pourquoi l'emporte sur le comment. Est-ce pour autant la fin du management par les processus ? La fin du métro-boulot-iso ? La cinquième attitude client[90] d'Orange est une réponse paradoxale : « *De l'intelligence dans l'application des procédures* ».

Ces deux intelligences, émotionnelle et situationnelle, sont mal appréciées par les organisations. Les critères des entretiens d'évaluation ont du mal à quitter le terrain du résultat chiffré. Éric Albert l'écrivait[91] : « *L'outil de travail des managers dont le métier est de "faire faire" est la prise en compte des comportements… Nier la subjectivité, c'est nier l'humanité. Ne ramener la performance qu'à du quantitatif, c'est mettre l'individu au niveau de la machine.* » Bien sûr, il faut reconnaître les résultats, mais aussi les efforts, les contributions, la personne. GDF Suez intègre l'évaluation des comportements managériaux à hauteur de 20 %, General Electric pondère 50 % pour les résultats et 50 % pour le comment. Ce sont des débuts. Il y aurait beaucoup à dire sur ces entretiens, aussi nécessaires que grandement améliorables. Ce n'est pas l'objet de l'essai, mais il reste singulièrement étonnant que ce soit le N+2 qui évalue les capacités managériales du N+1 !

Trois bonnes pratiques managériales

Savoir gérer et créer une émotion

Nos émotions ne sont ni bonnes ni mauvaises en soi, elles sont plus ou moins inconfortables et plus ou moins intenses selon les événements, mais aussi selon les personnes ! Car nous ne sommes effectivement pas égaux devant l'émotion. Si certains « grimpent aux rideaux » pour peu de chose, d'autres conservent plus facilement leur calme face aux pires situations. À l'inverse, il n'est pas de vie sociale possible si l'on prend pour seuls guides les innombrables émotions qui nous traversent chaque jour. Laisser libre cours à tous nos transports émotionnels serait tout aussi dommageable que de les nier. Nous n'avons donc d'autre choix que d'accepter nos émotions, leur permettre de s'exprimer et de tempérer nos réactions. D'autant que la contagion émotionnelle peut jouer un rôle considérable dans la dynamique de groupe.

Un manager doit donc savoir gérer et créer une émotion.

— Gérer une émotion, c'est-à-dire la décrypter et la maîtriser, qu'elle vienne d'un interlocuteur ou de soi-même. Il s'agit de faire preuve de sensibilité, de déstresser, de montrer de la bienveillance sans complaisance, de favoriser l'authenticité plutôt que de s'ingénier à masquer ses émotions. Mon expérience montre que nous avons beaucoup de progrès à réaliser en matière de communication non violente : cela s'apprend ! Évitons les tu qui tuent ! Lorsqu'une réunion de travail devient difficile à animer, je propose aux participants de commencer chacune de leurs phrases par : « Ce que j'aime dans ton idée, c'est… » Écoute et climat de travail deviennent d'un seul coup bien meilleurs !

— Créer une émotion, car diriger, ce n'est pas dominer, mais persuader ses équipes de travailler ensemble pour atteindre un but commun. Pour être suivi, le leader a besoin d'exercer un impact émotionnel. Le rationnel, le logique ne suffisent pas toujours. La capacité à montrer son engagement, et à dire les choses avec habileté mais sans manipulation, est une qualité essentielle pour entraîner une équipe. Le défi du manager se définit bien par la relation à l'autre.

S'améliorer grâce aux *feed-backs* et réclamations

Le Français est champion du monde de la critique, cet ADN s'intègre à part entière dans notre patrimoine culturel. Il faut dire que l'école nous a plus appris le sens critique que l'action. Louis Pasteur, qui en 1888 déclarait : « *Ayez le culte de l'esprit critique*[92] », a été entendu. Résultat : nous sommes un pays de « sachants à qui on ne la fait pas »… La tradition de la contradiction, du débat est valorisée. Les citations affluent. Beaumarchais déclare : « *Sans la liberté de blâmer, il n'est pas d'éloge flatteur*[93]. » Alfred de Vigny écrit en 1839 : « *Notre nation est légère et taquine. Elle ne veut laisser tranquille aucune supériorité*[94]. » Camus signe : « *Je me révolte, donc je suis*[95]. » Et Proust propose ce trait superbe : « *Un milieu élégant est celui où l'opinion de chacun est faite de l'opinion des autres. Est-elle faite du contre-pied de l'opinion des autres ? C'est un milieu littéraire*[96]. » Ceci laisserait-il entendre que l'intelligentsia éblouit plus qu'elle n'éclaire ?

Quel dommage de passer à côté de ce gisement ! Dernière polémique en date : les sujets du bac de 2014 perçus comme trop difficiles, ce qui a valu un déchaînement sur la Toile. Si les évaluations internationales de nos dispositifs d'éducation intégraient la capacité à contester, la France serait certainement en tête !

L'une des clés de l'amélioration est de se remettre en cause. La qualité, c'est vouloir attirer la critique à soi. C'est rendre une controverse positive. Et qu'est-ce qu'une réclamation ou un simple feed-back si ce n'est le cadeau d'un interlocuteur plus ou moins déçu, une source de progrès et l'opportunité de redonner confiance !

Commencer systématiquement ses réunions d'équipe par un tour de table des feed-backs et réclamations s'avère toujours profitable, sous réserve de rechercher et de mettre en œuvre les solutions d'amélioration.

Prévenir et traiter les situations sensibles

Une situation sensible désigne un dysfonctionnement individuel ou collectif qu'un manager doit résoudre : un malentendu ou une incompréhension, un conflit d'intérêts, un conflit de personnalités… Le rôle du manager consiste à anticiper et à résoudre les difficultés humaines existantes ou pouvant survenir dans l'action au quotidien. L'action est nécessaire, car ne pas s'opposer à une dérive, c'est l'encourager. Une dérive non corrigée à temps devient petit à petit tolérée, puis normale (avantage acquis) et enfin légitime (droit). Le temps arrange rarement les choses : un non-dit aujourd'hui devient rapidement un conflit demain.

De plus, l'employeur a depuis 2010 une obligation générale de santé et de sécurité : il doit « *évaluer les risques et prendre les mesures nécessaires pour assurer et protéger la santé physique et mentale ainsi que la sécurité de ses salariés* ». Quelques conseils :

– Préférer à l'écrit l'oral qui humanise et qui permet de détecter des signaux au-delà des lignes et de nuancer des propos.

– Rester sur les faits et, si le contexte est difficile, rechercher le contact : le manager est un régulateur d'émotions.

– Ne pas moraliser ni émettre d'argument qui s'attaque directement au comportement, cela ne ferait que le renforcer. Les quatre points clés sont l'argument pertinent, les bons mots (certains sont des fenêtres, d'autres sont des murs), le ton juste, le moment adéquat.

– Traiter individuellement. La cohésion et la mobilisation d'une équipe qui ne s'entend pas nécessitent d'abord un management individuel.

– Passer l'éponge après coup… et ne pas polémiquer. Saint Vincent de Paul nous y exhorte : « *Le bruit ne fait pas de bien, le bien ne fait pas de bruit.* »

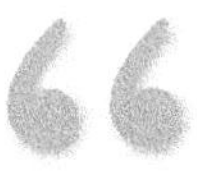 *La forme, c'est le fond qui remonte à la surface.* 

Victor Hugo

9. Vieillissement de la population

- Allongement de la vie professionnelle, cohabitation de plusieurs générations, valeur de l'expérience remise en cause par la numérisation
- Développement de l'employabilité, cohésion des équipes
- Jouer collectif, créer une dynamique métier intergénérationnelle, accroître la polyvalence de chacun

En quoi consiste cette évolution ?

L'espérance de vie à la naissance est passée en France de vingt-cinq ans à 1750, à trente-trois ans en 1800, à quarante-six ans en 1900 et à plus de quatre-vingts ans aujourd'hui. Elle croît désormais au taux extraordinaire de trois mois par an. En France, le nombre de personnes âgées de soixante ans ou plus s'élevait à quinze millions en 2012. En 2030, elles seront vingt millions et un milliard sur terre. Le monde connaît aussi ce fantastique progrès humain, puisque l'espérance de vie de quarante-sept ans au début des années 1950 atteint dorénavant soixante-dix ans. Les principaux facteurs de l'accroissement sont connus : baisse du taux de mortalité infantile, diminution des naissances, recul de l'âge du décès (gérontocroissance), moindre violence armée : « que » deux mille morts par jour !

Ce dernier point mérite une mise en perspective, car malgré tous les conflits dont nous sommes témoins, la démocratie progresse. En 1985, on comptait soixante-sept pays autoritaires (45 % de la population mondiale), quand ils ne sont plus que vingt-six (30 %) en 2014. Nous assistons à un progrès moral, modeste mais réel : la culture des droits de l'homme et des droits sociaux se développe modérément, la torture et l'esclavage régressent, la guerre est délégitimée comme unique moyen naturel de régler les conflits. C'est le commencement de la fin de l'assujettissement, non moins ancestral, des femmes : la moitié de l'humanité s'émancipe de l'autre moitié.

Une trentaine de conflits restent cependant d'actualité : pérennité de quelques contentieux majeurs hérités de 1945, caractère endémique de la guerre civile en Afrique, persistance d'insurrections armées (Colombie, Philippines, Népal, Sri Lanka), ramifications de la guerre contre le terrorisme… Les cyniques attribueront à la paix la définition de la santé par Jules Romains : « *La santé est un état précaire qui ne laisse présager rien de bon*[97]. » Mais Wikipédia[98] vous montrera que, depuis 1945, les conflits en cours (vingt-huit) sont moins nombreux que les guerres terminées (cinquante-huit) et surtout moins meurtriers.

Le vieillissement de nos sociétés pose plusieurs questions : une possibilité et une nécessité de travailler plus longtemps, un coût supplémentaire de quatre à cinq points de PIB, principalement en raison des dépenses de santé, une aversion aux risques… Alfred Sauvy, économiste, démographe et sociologue français, fervent défenseur dans les années 1950 à 1970 d'une politique nataliste, voyait dans le vieillissement de la population un dépérissement de la société. Mais c'est aussi l'opportunité de la « *silver* économie ». Cette économie au service des plus âgés représente une promesse de croissance et d'emplois pour les années à venir : emplois d'aidants pour des services personnalisés, nouvelles technologies pour des applications de confort et de sécurité (domotique, robotique...), innovations pour faire reculer la perte d'autonomie...

Au XIXe siècle, le présent reliait les générations, car le monde ne changeait guère entre le grand-père et le petit-fils, et le premier pouvait encore transmettre au second son savoir-vivre et ses valeurs.

Au XXe siècle, le présent s'est contracté à une seule génération : le grand-père savait que le présent de ses petits-enfants serait différent du sien, il n'avait plus grand-chose à leur apprendre, c'était leur tâche d'inventer un monde, comme en Mai 68.

Aujourd'hui, le monde change plusieurs fois dans une génération. Et pour la première fois dans l'histoire de l'humanité, nous apprenons de nos enfants.

C'est aussi le vieillissement de nos modes de pensée et de nos schémas intellectuels. Nos esprits et nos institutions sont encore façonnés par les siècles précédents. Des personnalités comme Erik Orsenna ou Martin Hirsch proposent des droits de vote proportionnels à l'espérance de vie. Ainsi, vous avez un droit de vote, vos enfants en ont six chacun. Donner le pouvoir à ceux qui vont le vivre, cela changerait beaucoup de choses, particulièrement l'esprit rentier. Il est tout de même extraordinaire qu'en France, l'argent hérité soit plus valorisé que l'argent gagné. Que le statut de protégé et les droits acquis soient plus défendus que le statut d'entrepreneur et de créateur de richesses. Investir, c'est renoncer à une part du présent pour parier sur l'avenir. C'est décider d'allouer du temps ou de l'argent pour un projet que l'on veut réaliser, ce qui se fera au détriment d'autres projets pour lesquels on avait aussi de l'intérêt. Nous avons du chemin à faire...

Vous arrivez à la fin de cet ouvrage, un petit moment de détente ne nuit pas : permettez-moi d'intégrer une note d'humour que vous avez peut-être déjà lue sur la Toile. Les jeunes ont leurs codes !

- BJR : bonjour ;
- SLT : salut ;
- TFK : tu fais quoi ;
- MDR : mort de rire ;
- LOL : *laughing out loud* (riant à gorge déployée) ;
- PTDR : pété de rire ;
- JTM : je t'aime ;
- JTDR : je t'adore ;
- TG : ta gueule.

Et à présent les seniors aussi !

- CLM : chez le médecin ;
- EMA : enterrement meilleur ami ;
- ATD : apporte ton déambulateur ;
- PMDER : perdu mes dents en riant ;
- JCAC : je conduis avec une couche ;
- JOOJS : j'ai oublié où je suis ;
- JEDT : je t'écris des toilettes ;
- AQJPD : à qui je parle déjà ?

Et pourquoi pas les managers[99] ?

- TKS : *thanks* ;

- EQCS : et que ça saute ;
- TTU : très très urgent ;
- PJC : plus jamais ça ;
- CPQ : coup de pied au cul ;
- MDMF : manager de mes fesses ;
- BBMH : *big boss* de mauvaise humeur ;
- ERAC : encore un reporting à la con ;
- FPC : fais pas chier ;
- CVCL : ça va comme un lundi ;
- VWE : vivement le week-end ;
- AQOLR : à qui on le refile ?

Pour clore cette parenthèse récréative dans le chapitre du vieillissement, j'avais créé le « Viagram », diagramme n'indiquant que des variations à la hausse. Pfizer s'est opposé à ce que je dépose le nom… Dommage, j'aimais bien cet optimisme systématique, un vrai remontant…

Quelles conséquences sur le management des organisations ?

Allongement de la (durée de) vie professionnelle

Première conséquence : nous devons travailler plus longtemps. Le consensus se crée petit à petit dans notre pays et la loi y contribue. Pour favoriser l'embauche et le maintien des seniors (cinquante à soixante-neuf ans) dans les entreprises en France, on impose désormais à celles-ci de signer un accord avec les partenaires sociaux ou de mettre en place un plan d'action « seniors » sous peine d'amende. Depuis le 1er janvier 2010, tout salarié qui le souhaite peut travailler jusqu'à soixante-dix ans sans que son employeur puisse s'y opposer. Sauf dans les organisations publiques… Étonnant, non ?

Les féministes riraient bien si elles connaissaient l'origine de l'expression « âge canonique » : c'était quarante ans, l'âge minimum pour être servante chez un ecclésiastique ! Pour rester dans une étymologie joyeuse, chacun connaît des très belles femmes quinquagénaires qui sont de véritables canons ! Et même certaines de vraies diablesses…

Cohabitation de plusieurs générations

Cette nouvelle donne générationnelle appelle une rénovation des pratiques de management, car les motivations des salariés sont différentes en fonction des tranches d'âge. La Commission européenne n'a-t-elle pas choisi de faire de 2012 l'« Année de la solidarité intergénérationnelle » ? La transmission des savoirs en est le principal enjeu, ainsi que les perspectives de carrière.

La génération Y arrive sur le marché du travail avec sa propre conception de la vie en entreprise et de la hiérarchie. Les jeunes attendent de l'employabilité, et d'abord un environnement de travail agréable. Les valeurs les plus importantes pour eux sont dans l'ordre[100] : respect, convivialité et reconnaissance… Ils cherchent des engagements, sont entrepreneurs d'eux-mêmes, des citoyens de leur génération plutôt que de la société. Ils privilégient le « ce que j'aime faire » sur le « ce que je sais faire ».

Comme l'écrit Hervé Sérieyx[101], « *un jeune, ce n'est pas nous en moins vieux* » ! Les vingt-trente ans ont construit leurs propres modèles avec des attentes d'individualisation très fortes. Or l'entreprise leur offre un même règlement, des mêmes horaires, des mêmes évolutions possibles… alors qu'ils pensent qu'ils sont uniques. La volonté de réalisation de leurs attentes personnelles les incite à un rapport très distancié vis-à-vis de l'entreprise.

En 2011, dix contributions de jeunes sur « L'entreprise de 2020 » ont été synthétisées par l'Institut de l'entreprise :

- « une génération en quête de sens ;
- une aspiration à la convivialité et au bien-être dans le travail ;
- de fortes attentes de reconnaissance au sein d'une communauté choisie ;
- une volonté d'entreprise démocratique ;
- des exigences fortes de développement des talents et d'employabilité ;
- une intransigeance quant aux valeurs de responsabilité et d'exemplarité dont doivent faire preuve l'entreprise et ses dirigeants. »

Pour un senior[102], l'attachement à l'entreprise est plus fort. Les études internationales montrent que les seniors qui travaillent sont moins malades. Ils ont davantage le sentiment de servir à la collectivité. Ils sont plus heureux que les autres. Le contraire parfait de ce qu'on préjuge en France ! Le journaliste Guillaume Durand avance même sur Radio Classique que « *la vieillesse rend libre* ».

Cependant, l'hypertrophie des obligations pèse et démotive. Beaucoup se sentent mal à l'aise : ils sont encore jeunes dans leur tête, mais déjà vieux pour l'employeur. Ce dernier a tout intérêt à proposer au senior, manager ou non, qui attend de la reconnaissance et de la valorisation de ses compétences, de mener des projets utiles pour l'organisation. Il suffit de recenser tous les emplois et toutes les missions externalisées qui pourraient leur être confiés. Avec, cerise sur le gâteau, la possibilité de choisir leurs contributeurs, leurs horaires, et de télétravailler s'ils le souhaitent. Essayez, les résultats sont surprenants !

Manager par les enjeux (nouveaux rôles, nouvelles missions, nouveaux défis) devient déterminant pour faire face à une éventuelle baisse de productivité des seniors, qui savent qu'ils sont sur des chemins de carrière sans autre possibilité d'évaluation. Sans enjeu, pas d'engagement possible ! D'où l'intérêt de développer des solutions créatives pour les mobiliser autour d'objectifs communs. Les laboratoires d'innovation mixant générations et disciplines comme l'i-Lab d'Air Liquide ou le Lab Postal pour le Groupe La Poste permettent de réinventer le business en valorisant chacun.

Enfin, entre jeunes et seniors, les quarante-quarante-cinq ans, souvent victimes de la « CMV », la fameuse crise de milieu de vie. Passé quarante ans, bien des salariés estiment ne plus avoir de possibilités, alors qu'ils voient les hauts potentiels arriver. Ils peuvent avoir l'impression qu'on ne s'occupe plus d'eux, alors qu'ils font tourner la machine au jour le jour. Leur positionnement entre deux âges les oppose d'un côté aux jeunes et de l'autre aux seniors. C'est une loi bien connue en ethnologie : les principaux conflits ont lieu entre des groupes proches. Évitons par exemple pour tutorer un jeune de solliciter toujours les mêmes, en général le senior que tout le monde apprécie. La génération intermédiaire ne doit pas être oubliée. Le maintien des plus de soixante ans crée parfois des interrogations et des frustrations auprès de la génération des quarante-cinquante ans. Garder ces deux générations mobilisées, ensemble et pour plusieurs années, nécessite d'instaurer la confiance entre les uns et les autres. Il faut prouver que le travail en commun rapporte et que son absence coûte cher. L'objectif est de transformer la cohabitation ou la coexistence (définie par Le Clézio comme « *la capacité à s'accommoder raisonnablement de ses différences*[103] ») en coopération, c'est-à-dire en art de s'enrichir de ses différences.

Valeur de l'expérience remise en cause par la numérisation

Il est assez impressionnant de penser que pour la première fois dans notre civilisation, il est un domaine où les jeunes en savent plus que leurs aînés : le numérique. Marc Prensky, enseignant et chercheur américain, les a baptisés[104] « *digital natives* », les « natifs numériques ». Ils sont nés à l'ère numérique et passent davantage de temps sur le Web que devant la télévision. Facebook, Messenger, YouTube, Deezer ou Dailymotion sont leurs points de ralliement. Le papier perd sa suprématie séculaire, nous sommes passés de l'écrit à l'écran.

Le corollaire de ces pratiques numériques est le développement d'une culture de l'immédiateté, de l'accessibilité et de la gratuité. Autant de phénomènes qui représentent un véritable défi pour les industriels (comment faire accepter un produit ou service payant, particulièrement dans les univers touchés par le téléchargement illégal ?), les marques (comment s'adresser à une cible aux pratiques médias et aux centres d'intérêt de plus en plus fragmentés ?), mais aussi les politiques (comment intéresser ces jeunes citoyens, futurs électeurs, à la vie de la communauté, alors que la tendance est à l'éclatement en micro-communautés, parfois purement virtuelles ?). Les nouvelles technologies introduisent ainsi de nouvelles formes de comportement. Et tout ne se passe pas uniquement dans la tête. La pratique du texto, des manettes de jeux vidéo, ou encore les écrans tactiles ont notamment réhabilité la main dans sa fonction d'outil. Cela marche dorénavant au doigt et à l'œil !

La pratique s'est implantée beaucoup plus vite dans la société que dans nos organisations. L'ancien n'est plus le sachant, l'expérience passée n'est plus nécessairement un atout.

Comment un manager est-il impacté par ces changements ?

Développement de l'employabilité

Selon l'Organisation internationale du travail (OIT), l'employabilité est « *l'aptitude de chacun à trouver et conserver un emploi, à progresser au travail et à s'adapter au changement tout au long de la vie* ». Dans une organisation, le profil des postes proposés est en constante évolution. Les changements de stratégie ou de conjoncture économique génèrent des évolutions permanentes des savoir-faire. L'employeur a « *l'obligation d'assurer l'adaptation des salariés à leur poste de travail. Il veille au maintien de leur capacité à occuper un emploi, au regard notamment de l'évolution des emplois, des technologies et des organisations* » (art. L. 6321-1 du Code du travail). L'organisation peut ainsi proposer de nombreuses actions à ses salariés en vue du développement de leur employabilité : formation professionnelle et acquisition de compétences, développement personnel, opportunités de carrière et de mobilité, entretien de seconde partie de carrière, bilan de compétences… Le manager devient le jardinier des potentiels de chacun. L'objectif est de développer adaptabilité et polyvalence, qui rendent chacun employable, c'est-à-dire à même de s'insérer dans un nouveau projet.

Le nouvel enjeu est de devenir monétisable, « *bankable* » sur le marché du travail. Ces mots bien significatifs évoquent un principe de réalité : puisque l'entreprise ne promet plus l'emploi à vie, on profite de son passage pour développer des compétences qui seront valorisées par d'autres organisations.

Cette recherche d'employabilité s'adresse aussi bien au manager qu'à ses collaborateurs, et ce de façon permanente : l'employabilité n'est pas un état, mais un mouvement.

Cohésion des équipes

La diversité des motivations des classes d'âge rend difficile la cohésion. Les générations développent des rapports à l'autorité différents, ne partagent ni les mêmes valeurs ni le même rapport à l'entreprise, au travail ou aux règles ou à l'idée même de réussite. La mixité des âges ne se fait pas naturellement. Autant un plus jeune peut être attiré par le pouvoir qu'il peut prendre dans l'entreprise et les évolutions de carrière, autant un senior cherchera probablement plutôt à ce que son travail soit utile et ses compétences et expériences reconnues. Autant un jeune attendra une relation qui se fonde sur la franchise, la transparence et se traduit dans les faits, autant le senior privilégiera une relation plus policée, plus « sécure », plus gratifiante. Ces attentes méritent quelques précautions de la part d'un manager, surtout si la différence d'âge est marquée. Manager les seniors demande une certaine connaissance de cet environnement psychologique. De même, attention aux modalités de transmission des savoirs et de planification de la relève, les modes d'apprentissage des nouvelles générations étant profondément différents.

La responsabilité du manager n'est pas d'homogénéiser des pensées et des gens, mais de conjuguer des volontés. De transformer une bande d'ego inégaux en une équipe soudée de collaborateurs. De faire préférer la contribution à l'attribution.

Trois bonnes pratiques managériales

Jouer collectif

Seul, on va plus vite. À plusieurs, on va plus loin. Sans une approche volontariste et structurée, la cohabitation entre les générations se fragilisera inéluctablement, car chaque groupe est assez naturellement plus enclin à travailler avec sa génération. Comme l'ont démontré de nombreuses fusions, la diversité n'est une richesse que si on la gère.

Le manager aura à cœur de traiter jeunes et seniors avec la même attention et de se départir des clichés qui confinent parfois à la discrimination. Les jeunes ne sont pas des instables, des paresseux, des autonomes ou des égoïstes. Les seniors ne sont pas des obtus, des freins au changement, des sachants ou des retraités du cerveau.

Il est sûr que le travail en équipe demande du temps, de la méthode, de la discipline, de l'écoute. Quatre denrées souvent rarement réunies chez une même personne. Mais quelle efficacité ! Quarante ans de travail de groupe m'ont enseigné que le résultat obtenu à plusieurs était toujours supérieur à celui apporté sous forme de projet en début de présentation. Sans compter l'adhésion co-construite aux décisions finales. Et à terme, quelles économies d'énergie, d'argent et de malentendus ! Et quel plaisir de réussir ensemble un projet difficile…

Voici quatre conseils pour le manager :

– Dire « nous », pas « je » : ne pas confisquer l'équipe à son profit.

– Traiter ses différends bilatéraux avant la réunion et s'y rendre avec une analyse partagée à défaut d'une solution.

– Promouvoir la loyauté, pas l'allégeance ; la solidarité, pas la soumission.

– Le secret : encourager dans la difficulté. Car l'ennemi, c'est toujours le problème, jamais le collaborateur. On se bat pour des idées, pas contre des hommes.

Créer une dynamique métier intergénérationnelle

Il ne s'agit plus seulement d'aider les anciens à transmettre leurs connaissances et leur expérience aux juniors, comme peuvent l'assurer de bons processus de tutorat et de mentoring, ni seulement d'aider les jeunes à bien s'intégrer dans une entreprise avec ses règles et sa hiérarchie. Il s'agit de trouver le moyen de connecter les générations et de les mobiliser ensemble sur un champ d'intérêt partagé par tous : la professionnalisation.

Avec le départ à la retraite des *baby-boomers*, les organisations savent qu'une partie de leurs connaissances disparaît. Certains collaborateurs disposent non seulement d'informations clés, mais aussi d'une expérience et d'une réflexion propres à leur vécu qui s'apparentent à une forme de sagesse. L'idée est de faire expliciter à la fois les méthodes de travail et cette sagesse par des groupes de travail, bien sûr multi-âges.

D'autres actions de codéveloppement sont possibles : animer des groupes de travail intergénérationnels, faire travailler en binôme, constituer des équipes de projet diversifiées auxquelles les différentes classes d'âge apporteront leurs regards complémentaires… Et dernière pratique émergente qui nous vient des États-Unis : le tutorat inversé (*reverse mentoring*), qui a le grand mérite de montrer que chaque génération peut non seulement prendre et apprendre, mais aussi donner.

Accroître la polyvalence de chacun

Qu'est-ce qu'un manager ? C'est un responsable qui, pour atteindre les objectifs attendus, anime une équipe de collaborateurs et permet à chacun de progresser. Cette seconde partie de la mission est souvent oubliée : elle consiste à donner à chaque collaborateur les moyens de son évolution. Manager, c'est beaucoup plus qu'encadrer. Un manager doit développer le parcours professionnel de ses collaborateurs, tant pour le progrès de l'entreprise que pour la fidélisation de ces derniers. Certains diront que c'est vraiment faire preuve d'altruisme (ou de masochisme) que d'encourager le départ de ses meilleurs collaborateurs ! Pas facile en effet de faire progresser l'un de vos précieux collaborateurs quand vous savez qu'à terme, vous l'aurez encouragé indirectement à choisir une vie professionnelle qu'il jugera plus féconde ailleurs. C'est un risque, mais investir sur les hommes reste le meilleur retour sur investissement ! Le bénéfice est triple : la motivation et donc l'efficacité de chacun, l'employabilité, l'intelligence collective. Rappelons-nous les propos de Derek Bok, ancien président de l'université Harvard : « *Si vous pensez que l'éducation coûte cher, essayez l'ignorance !* » La mise en garde traduite dans le monde de l'entreprise peut s'illustrer par ce dialogue entre un directeur financier et son P-DG :

— Qu'est-ce qui se passera si on investit sur les compétences de nos salariés et qu'ils partent ensuite ?

— Et qu'est-ce qui se passera si on n'investit pas et qu'ils restent ?

Le management a ceci de formidable qu'il permet à des hommes ordinaires de réaliser des choses extraordinaires pour leur plus grand accomplissement personnel.

Peter Drucker

---

10. Émergence dans les pays riches du droit à la qualité de vie au travail

- Relativisation de la valeur travail, recherche de développement personnel, d'équilibre de vie et de plaisir
- Non-dévalorisation de l'échec, reconnaissance, convivialité
- Être positif, améliorer chaque mois un élément de qualité de vie, générer l'enthousiasme

En quoi consiste cette évolution ?

Le travail est-il une malédiction ou une libération ? Son histoire est un marqueur fidèle de l'évolution de nos sociétés. Voilà près de dix mille ans qu'il enchaîne si l'on en est esclave et qu'il libère si l'on s'en rend maître. Pour 99 % de l'humanité, jusqu'au siècle dernier, le travail était une obligation, voire une punition. La Genèse (3.19) nous a prévenus : « *C'est à la sueur de ton visage que tu mangeras du pain, jusqu'à ce que tu retournes dans la terre, d'où tu as été pris ; car tu es poussière, et tu retourneras à la poussière.* » Perspective joyeuse et encourageante s'il en est. Le travail n'a jamais été bien aimé. On le savait depuis l'Antiquité, avec la loi de l'effort décroissant : la forme même des pyramides montre de toute évidence que l'effort tend à diminuer et à s'épuiser à mesure que le chantier avance... Les citoyens grecs assimilaient le travail à une agitation assez vaine et le travailleur, pardon pour l'anachronisme, à « *un petit lapin Duracell sur un vélo d'appartement*[105] ». Le travail était un fléau usant, sauf pour quelques aristocrates dont le passe-temps sur terre était de savoir comment dépenser leur argent, le reste du monde étant préoccupé par comment le gagner. C'était la vie de l'époque. La révolution industrielle a adouci la pénibilité du travail, allégé des horaires accablants, permis des jours de repos, élevé le niveau de vie. La civilisation des loisirs, depuis les années 1960 dans les pays riches, est l'une de ces révolutions tranquilles qui retournent les sociétés doucement, mais sûrement. L'élévation générale du niveau de vie, les recherches sociologiques sur les motivations au travail (Maslow, Herzberg, McGregor, Atkinson, Vroom...), la pression sociétale sur la réduction des inégalités de rémunération (en France, on a le droit d'être riche, mais pas plus que les autres !) ont sensibilisé la société à ce que l'argent ne fait pas tout. L'impératif financier, qui reste néanmoins bien présent pour la plupart, se double petit à petit d'une quête d'épanouissement personnel. Le travail n'est plus un devoir, ni un déboire : on ne va pas perdre sa vie à la gagner. On ne mobilise plus aujourd'hui des énergies sur la valeur travail, mais sur la valeur création. Jean Viard[106], professeur de sociologie à l'IEP, le résume avec humour : « *Nous sommes passés du devoir conjugal au plaisir sexuel. De la même façon, nous passons du devoir professionnel au plaisir de la réalisation.* »

Parallèlement et depuis toujours, la recherche du bonheur est constante. Elle apparaît chez Démocrite sous l'angle de l'ataraxie, l'absence de troubles, elle désigne la tranquillité de l'âme résultant de la modération et de l'harmonie de l'existence. L'ataraxie devient ensuite le principe du bonheur (*eudaimonia*) dans le stoïcisme, l'épicurisme et le scepticisme : à défaut de bonheur, l'absence de malheurs. Elle provient d'un état de profonde quiétude, découlant de l'absence de tout trouble ou douleur.

L'historien Rémy Pawin souligne[107] que dans la culture occidentale, « la conversion au bonheur » date des années 1960-1970 : « *Le bonheur était perçu comme futile et égoïste dans le passé. L'humanisme consistait à rendre l'humain digne. Et pas nécessairement heureux... Aujourd'hui, le bonheur est devenu une norme en Occident... Avec le risque que la quête du bonheur conduise à une inflation démesurée des attentes, ce qui est néfaste au bonheur.* » Le trait d'esprit serait-il désormais une injonction pressante ? « *Soyons heureux, c'est là le secret du vrai bonheur !* »

Aujourd'hui, le bonheur se cherche toujours : chaque année paraissent près de deux mille études s'y rapportant, souligne Renaud Gaucher, économiste du bonheur et auteur de nombreux ouvrages[108]. Le succès de *Psychologies Magazine*, rare réussite de la presse écrite, témoigne de cet intérêt collectif avec sa *baseline* « *Mieux vivre sa vie* ».

Mais nouveauté, le bonheur se mesure. En 1972, le roi du Bhoutan est le premier à préconiser le calcul du « BNB », ou « bonheur national brut ». En 1990, l'ONU établit un indice de développement humain qui repose sur trois critères majeurs : l'espérance de vie à la naissance, le niveau d'éducation, le niveau de vie. En 2011, l'OCDE classe les pays selon leur bien-être : Australie, Canada, Suède. Ces tentatives et bien d'autres (aucune ne s'est encore imposée) font contrepoids à la mesure de la seule richesse d'un pays par son PNB. Ils mettent en avant le bien-être individuel et collectif, l'égalité hommes-femmes et entre classes sociales, la confiance dans les institutions politiques, un système scolaire qui cultive le développement personnel avant la course à la réussite, l'égalité des chances, le consentement fiscal…

La conjugaison de ces deux évolutions, un travail plus enrichissant et la recherche affichée du bonheur, a fait naître une demande explicite de qualité de vie au travail.

Quelles conséquences sur le management des organisations ?

Relativisation de la valeur travail

On constate au début du XXIe siècle une intensification des rythmes de travail et du stress. La cause est double, à la fois macroéconomique et due à l'organisation.

— Un salarié français produit à l'heure 5 % de plus qu'un Américain, mais 13 % de moins sur une année et 36 % de moins sur l'ensemble de sa vie professionnelle. Normal, ironisent Serge Guérin et Gérard Fournier[109] : « *La France a réussi le double exploit de continuer à faire baisser la durée de travail et de raccourcir la période totale d'activité.* » Quel aveuglement ! Réduire la durée de vie professionnelle alors que l'espérance de vie augmente est vraiment aller à contre-sens. L'ensemble des acteurs sociaux ont adhéré à ce raisonnement vicieux : pour réduire le chômage de la population en général, et des jeunes en particulier, une solution : sortir de l'emploi les plus âgés. Les seniors ont empoché le pactole de la préretraite, les employeurs ont renouvelé les compétences et réduit leurs coûts salariaux, les jeunes ont trouvé un CDD. Sauf que finalement, cela n'a servi à rien, les faits sont là. Un enfant en classe de sixième faible comprendrait que la priorité est d'abord de créer une richesse avant de la distribuer. Partager la rareté ne peut engendrer que plus de rareté ! Jean-Pascal Tricoire, P-DG de Schneider Electric, souligne[110] cette évidence : « *Créer de la richesse avant de la distribuer, c'est juste du bon sens.* » Je partage totalement cette opinion, mais qu'on ne se méprenne pas, il faut savoir aussi distribuer. Et je suis fier d'avoir pendant les vingt-huit ans de ma présidence d'Inergie partagé chaque année la moitié du résultat net avec la quarantaine de collaborateurs.

— Le travail est devenu pour certains un véritable STO (stress, tension et overdose). Le management des organisations y est pour beaucoup : procédures et indicateurs qui véhiculent la conformité, pratiques managériales néfastes peu sanctionnées (objectifs impossibles, instructions paradoxales, réunions tardives, discriminations...), organisations sourdes à la relation et à l'émotion, assimilation de l'austérité relationnelle au sérieux et de la bonne humeur au dilettantisme, managers peu attentifs...

Quelques chiffres en témoignent[111] : seuls 30 % des salariés se rendent au travail avec plaisir, 41 % déclarent qu'ils sont plus stressés qu'auparavant, 37 % estiment que la charge de travail a augmenté, 40 % reconnaissent une baisse de motivation dans le cadre de leur travail. Résultat logique : la progression constante de la souffrance au travail, qui, selon l'Inserm, coûte en France entre 2,6 % et 3,8 % du PIB national par an.

Les conséquences sont connues : congés pour longue maladie, manque d'efficacité au travail, augmentation du taux d'absentéisme et du turnover, image néfaste de l'entreprise... La nouveauté est le burn-out, épuisement professionnel, cause de trois cents suicides chaque année.

Le travail apparaît finalement dans notre société comme une variable d'ajustement de notre économie et comme une pratique toujours pénible pour bon nombre de salariés. On comprend que la sinistrose et le déclinisme se portent bien en France. Nous sommes parmi les peuples les plus pessimistes du monde[112]. Pourquoi nous préoccupons-nous si peu de la qualité de vie au travail ? Pourquoi ne pas l'encourager ou la valoriser ?

Tout ceci représente en plus un coût pour la société comme pour l'organisation. Le site de l'Anact (Agence nationale pour l'amélioration des conditions de travail) présente de nombreuses évaluations[113] : les bénéfices pour l'entreprise peuvent représenter une diminution de 50 % de l'absentéisme et de 7 % du turnover. Une étude publiée dans la *Harvard Business Review* montre que des salariés heureux au travail sont plus productifs de 30 % et vendent 37 % de plus. *A contrario*, ne pas se préoccuper de la qualité de vie au travail peut représenter un coût induit équivalent à 7 % de la masse salariale. Et lorsqu'on sait que 50 % des journées d'absentéisme sont dues au stress, ne pas s'en préoccuper questionne sur le degré de sensibilisation. Un expert, Thierry Gautret de La Moricière, évalue qu'une PME de trois cents personnes et d'un chiffre d'affaires de 300 millions d'euros subit un coût caché d'environ 800 000 euros, avec un turnover moyen de 12 % et un absentéisme moyen de 7 %. Grâce à des actions visant à améliorer la qualité de vie au travail, 400 000 euros peuvent être économisés.

Les organisations, face à cette relativisation de la valeur travail, tardent à réagir. Elles bougent peu. Il a fallu la loi pour déclarer hors jeu les risques psychosociaux, pour briser le plafond de verre de l'inégalité hommes-femmes, pour accueillir des handicapés…

Cependant, d'autres organisations beaucoup moins suivistes savent capter cette nouvelle attente de qualité de vie au travail. Elles arrivent à revaloriser le travail et permettent aux salariés de donner le meilleur d'eux-mêmes et de faire émerger une source inépuisable d'énergie. Elles ont construit des environnements de travail où il fait durablement bon travailler. À base de respect, de confiance, d'envie de travailler ensemble, de reconnaissance, de toutes ces qualités organisationnelles et managériales développées dans cet ouvrage… Consultez tous les palmarès dont celui de l'institut Great Place to Work : la qualité de vie au travail ne s'oppose pas à l'économique, mieux elle rapporte. Le président de la SNCF, Guillaume Pepy, le soulignait lors d'une conférence Anact en 2013 : « *La QVT fait partie de la performance économique de l'entreprise, elle n'est pas une contrepartie sociale.* ».

Recherche de développement personnel, d'équilibre de vie et de plaisir

Nous assistons à la grande envolée du développement personnel et à la floraison de nombreux mouvements : l'association Entreprise & Convivialité, la Ligue des Optimistes de France, les ouvrages comme *Petit Éloge de la gentillesse*[114], jusqu'à *Psychologies Magazine* qui a lancé en 2011 « La Charte de la bienveillance ».

Les salariés sont 85 % à penser que la qualité de vie au travail produit un impact sur la situation économique de leur entreprise. Et à la question[115] : « Quels sont les éléments qui favorisent le bien-être au travail ? », les deux premières réponses sont la qualité des relations avec les autres salariés (93 %) et la qualité du management (84 %).

Le cahier des charges est clair : le manager doit faire preuve de talent relationnel, l'art de développer des relations humaines positives, directes, libres et chaleureuses.

Les souhaits d'épanouissement personnel et d'équilibre entre la vie privée et la vie professionnelle passent dorénavant dans la plupart des études avant celui d'une bonne rémunération. La distanciation vis-à-vis de l'efficacité à tout prix n'a jamais été aussi bien illustrée que par Antoine de Saint-Exupéry :

« Le petit Prince rencontre un marchand de pilules perfectionnées qui apaisent la soif :

— On en avale une par semaine, et on n'éprouve plus le besoin de boire.

— Pourquoi vends-tu ça ? demanda le petit Prince.

— C'est une grosse économie de temps, dit le marchand. Les experts ont fait des calculs. On épargne cinquante-trois minutes par semaine.

— Et que fait-on de ces cinquante-trois minutes ?

— On en fait ce que l'on veut...

Moi, se dit le petit Prince, si j'avais cinquante-trois minutes à dépenser, je marcherais tout doucement vers une fontaine... »

Dans les deux derniers chapitres des *Essais* (1580), Montaigne révèle en guise de conclusion sa conception du bonheur par l'accomplissement de soi : « *C'est une perfection absolue et pour ainsi dire divine que de savoir jouir loyalement de son être.* »

Les salariés ne souhaitent plus rester des peine-à-jouir ! Libérons nos potentiels !

Comment un manager est-il impacté par ces changements ?

Non-dévalorisation de l'échec

Ni le manager ni le collaborateur ne sont des héros. Il existe encore une valorisation surréaliste de la réussite, qui contraint à percevoir l'échec soit comme une tare irrémédiable, soit comme un marqueur d'incompétence. Or l'échec est le chemin cahoteux de la réussite. Allez questionner tous les sportifs de la terre : ils vous diront le nombre d'essais et de tentatives auxquels ils ont dû se soumettre avant de battre un record. L'échec n'est pas le contraire de la réussite, c'est le brouillon de la réussite. Comme le dit Soichiro Honda, le fondateur du groupe automobile éponyme, « *le succès est fait de 99 % d'échecs* ». Franck Riboud, dans l'interview qu'il a accordée à *La Tribune*, milite pour le droit à l'erreur : « *On m'a toujours appris à douter, à me poser des questions. C'est génétique ! En entreprise, et c'est un problème, on laisse peu de place au doute. On demande aux gens d'avoir très rapidement des certitudes. Paradoxalement, si on veut laisser aux collaborateurs la possibilité de douter, de se poser des questions, le moyen le plus efficace est de leur faire confiance* a priori. *Fort de cette confiance et pour continuer à la mériter, ils vont alors d'eux-mêmes se poser des questions et douter. Le deuxième levier, c'est de donner le droit à l'erreur. Sans cela, le doute est seulement un doute qui paralyse. On doute parce qu'on a peur de se tromper. À l'inverse, si vous avez le droit à l'erreur, le doute devient constructif.* »

Histoire vécue : « *Je considère tes efforts, mais je rémunère tes résultats.* » La phrase me marque encore. J'étais jeune consultant, mon directeur n'avait pas valorisé mes démarches commerciales de proximité au motif qu'elles n'avaient débouché sur aucun contrat. Ma démotivation a été totale à l'époque. Un manager aujourd'hui valorise les résultats, c'est entendu, mais aussi la personne, les efforts et les contributions. Un proverbe africain dit très bien que « *l'erreur n'annule pas l'effort accompli* ».

Nos organisations doivent être plus apprenantes : elles glorifient une performance sans failles et l'échec reste une contre-performance. Carlo d'Asaro Biondo, président SEEMEA de Google (l'un des quatre patrons de région monde), prend le contre-pied[116] : « *Je demande aux candidats que je recrute leurs échecs éventuels pour apprécier leur capacité de rebond. Une personnalité se révèle le plus souvent dans les moments difficiles.* » Un grand progrès sera accompli le jour où le CV comportera une rubrique : « Mes échecs et leurs enseignements ». Et pourquoi pas dans les grilles d'appréciation ?

Reconnaissance

Les Français estiment que leur travail est peu reconnu : 52 % contre 46 % des Européens interrogés[117]. Ils attribuent une note de 6,2 sur 10 à la qualité de leur vie au travail, un score comparable à celui donné par les Italiens et les Espagnols, mais inférieur aux 6,7 à 7,1 donnés par les Allemands, les Anglais, les Suédois ou les Belges.

En France, le désaccord rassemble plus que l'éloge. Les attributs de l'intelligence y sont le doute, la critique et la méfiance. On se sentira plus intelligent à pointer ce qui ne va pas plutôt qu'à encourager ce qui va bien. Cela fait trois cent cinquante ans qu'on apprend par cœur : « *Il n'est, pour voir, que l'œil du maître*[118]. » La clairvoyance est plus prisée que la bienveillance, les qualités intellectuelles sont préférées aux qualités relationelles. Mais c'est oublier que le besoin de reconnaissance est fondamental et universel. La reconnaissance crée l'estime de soi. Bonaparte justifie le 19 mai 1802 la création de l'ordre national de la Légion d'honneur devant le Conseil d'État : « *Je vous défie de me montrer une république, ancienne ou moderne, qui savait se faire sans distinctions. Vous les appelez les hochets, eh bien c'est avec des hochets que l'on mène les hommes.* »

Certains prônent que la contrainte apporte plus de résultats que l'incitation. C'est exact parfois, mais de là à préconiser le management par le stress… L'ouvrage *Le Management toxique*[119] démontre que dans 75 % des cas, plus le stress augmente, plus la performance diminue. Notre volonté d'efficacité nous amène parfois à une logique d'action qui tend à instrumentaliser l'autre. Attention à ne pas devenir un manager toxique qui place un collaborateur dans l'incapacité de réaliser des tâches ou qui le soumet à une pression émotionnelle non directement liée au travail : dévalorisation, accusation, alors que les consignes n'étaient pas si claires, assimilation de faire valoir ses droits à une désimplication, menace de faire appel à d'autres... Ce manque de considération me rappelle la réplique cinglante d'un personnage de Céline dans sa seule œuvre théâtrale *L'Église* (1933) : « *C'est un garçon sans importance collective, c'est tout juste un individu.* »

Facile à mettre en œuvre, la reconnaissance ? Un matin, avant de partir pour le travail, mettez cinq bouts de papier dans l'une de vos poches. Chaque fois que vous encouragerez sincèrement un collaborateur, déplacez un bout de papier dans une autre poche. Vous devez avoir déplacé les cinq bouts de papier avant la fin de la journée. Vous verrez que vos collaborateurs vous en seront reconnaissant et que vous aurez gagné en proximité.

Convivialité

Le sémiologue Roland Barthes écrivait : « *La littérature ne permet pas de marcher, mais elle permet de respirer.* » Remplaçons littérature par convivialité, nous obtiendrons la même vertu oxygénante.

« *La convivialité en entreprise est un état d'esprit et une démarche qui favorisent le bien vivre ensemble au travail, c'est-à-dire le bien-être individuel et l'efficacité collective*[120]. » Les deux piliers de la convivialité sont fondamentaux. Il s'agit bien à la fois :

– D'un état d'esprit, d'une disposition naturelle. Il n'est pas rare de trouver au sein d'une famille deux enfants (même père même mère, il faut préciser aujourd'hui !), donc d'un même patrimoine génétique, mais dont les caractères sont opposés. L'un sera extraverti, joyeux, voire exubérant ; l'autre sera introverti, réservé, voire timide.

– D'une volonté de devenir convivial. Car cela s'apprend. Jacques Delors le formalisait en 1996[121] : « *Les besoins éducatifs de la planète au siècle prochain reposeront sur quatre piliers : apprendre à vivre ensemble, apprendre tout au long de la vie, apprendre à affronter une variété de situations, apprendre à comprendre sa propre personnalité. Le fondement de ces piliers est l'éducation de base, qui développe le goût et la capacité d'apprendre tout au long de la vie.* »

Si la capacité à vivre ensemble est déjà difficile à évaluer lors d'un recrutement, son apprentissage est encore plus difficile. Le manager est désarmé face à la création d'une démarche de convivialité. Il confond la plupart du temps comportement et événement. Il souhaite organiser lui-même la mise en œuvre de la démarche, ce qui l'instrumentalise et assure son échec. Pour y remédier, l'association Entreprise & Convivialité a créé en 2008 le premier référentiel au monde[122] validé par le leader de la certification SGS : l'accent est mis dorénavant sur l'intégration de la convivialité dans les processus RH et sur la spontanéité collective.

Le manager a tout intérêt à promouvoir une ambiance conviviale : elle facilite le dialogue et la fluidité des échanges, elle décloisonne, crée un climat de confiance et de bienveillance, décontracte les relations, accroît le sentiment d'appartenance… Cette générosité collective conduit à la première marche de la cohésion, qui est l'empathie. Un premier pas ensemble ne garantit pas une route commune, mais une route commune passe par un premier pas ensemble.

Le président du Conseil des ministres italien Matteo Renzi plaidait[123] en juillet 2014 pour une Europe qui « *retrouve son âme et le sens profond du vivre ensemble* ». Il ajoutait que « *l'Europe c'est trop de chiffres et pas assez d'âme* ». Cela s'applique aussi étonnamment bien à nos organisations…

Oui à un peu de douceur dans un monde de marge brute !

Trois bonnes pratiques managériales

Être positif

Chacun fait des choses bien et des choses moins bien. Il est essentiel de valoriser ce qui va bien : le bien ira mieux et le moins bien ira moins mal. Être positif, c'est aussi simple que cela. Bien sûr, il y a la guerre, la pauvreté, l'exclusion, la misère… Mais que faire face au sentiment d'impuissance qui se transforme parfois en désespérance ? C'est le pari de l'action. Philippe Gabilliet[124] nous propose quatre recommandations pour rester ou devenir positif :

- concentrer l'essentiel de son action sur ses points forts et ceux de ses collaborateurs, c'est-à-dire sur les qualités de chacun ainsi que sur le potentiel ;
- privilégier les solutions partielles dès lors qu'elles sont efficaces ;
- rechercher les petites victoires (les « *small wins* ») au quotidien ;
- encourager sans cesse la créativité, la prise de risque et la persévérance.

La posture du cynique est tellement plus confortable. (Re)lisez *Ma vie avec Mozart* d'Éric-Emmanuel Schmitt[125] : « *Aujourd'hui, l'optimisme pâtit d'une mauvaise presse ; lorsqu'il ne passe que pour de la bêtise, on le croit provoqué par l'absence de lucidité. Dans certains milieux, on va jusqu'à décerner un prix d'intelligence au nihiliste, à celui qui crache sur l'existence, au clown sinistre qui exprime "bof", au boudeur qui radote : "de toute façon, ça va mal et ça finira mal". On néglige que l'optimisme et le pessimisme partent d'un constat identique : la douleur, le mal, la précarité de notre vigueur, la brièveté de nos jours. Tandis que le pessimiste consent à la mollesse, se rend complice du négatif, se noie sans résister, l'optimiste, par un coup de reins énergique, tente d'émerger, cherchant le chemin du salut.* »

Oui à la culture du oui ! Réaliser chaque jour quelque chose de positif flatte l'ego et revivifie la confiance en soi. Il ne faut pas s'en priver ni en priver ses collaborateurs : commencer une réunion par les bonnes nouvelles, ne pas s'attarder sur les échecs sur lesquels on n'a pas prise, décharger les émotions négatives, effacer le côté blessant des souvenirs humiliants, éviter de projeter en boucle ses mauvais films…

Être positif, c'est être constructif et optimiste, être confortable avec l'incertitude et valoriser le bon côté des choses. C'est apprécier dans chaque situation le verre à moitié plein, et non à moitié vide, comme le remarquerait le pessimiste, ou deux fois trop grand, comme le consignerait le contrôleur de gestion…

L'un des secrets de la sagesse se résume assez simplement : comparez-vous à ceux qui ont moins que vous. En général, les médaillés de bronze sont plus heureux que les médaillés d'argent.

Améliorer chaque mois un élément de qualité de vie au travail

On ne peut pas regarder les étoiles quand on a un clou dans sa chaussure. Il est donc plus que pertinent d'entreprendre mensuellement une action de réduction de la pénibilité ou d'accroissement du plaisir au travail, d'autant que 88 % des Français[126] jugent important le sujet du bien-être au travail. Bien-être au travail et productivité sont directement liés : 42 % estiment que leur performance est affectée par le manque de bien-être.

Les actions sont multiples, et certainement à construire en équipe :

- tuer les « tue-convivialité » ;
- adapter au sein de l'équipe les rythmes et horaires de travail ;
- proposer des services qui facilitent les conditions de travail, comme un covoiturage entre collègues ;

- créer un groupe d'innovation « Rature & Découvertes » ;
- éliminer les « irritants sociaux[127] », ces petits problèmes qui exaspèrent tout le monde et peuvent conduire au désengagement, voire au conflit.

Un exemple : Mondial Assistance a formé une dizaine d'animateurs de groupes de travail, des focus équipes. Cent quinze volontaires ont résolu des irritants du travail quotidien : mise en place de plannings plus prévisibles, priorisation des objectifs, présence accrue du manager de proximité...

Dernière action possible : décider de dire bonjour quand on arrive au travail. Dans mon ancien cabinet de conseil Inergie, j'avais obligé chacun à dire bonjour à son arrivée, sous peine de ne pas être augmenté. « *Illégal* », m'ont rétorqué les délégués du personnel. « *Irrecevable*, ai-je répondu, *nous ne pouvons pas promouvoir la valeur d'esprit d'équipe et ne pas nous saluer !* » Résultat : on m'a souvent dit deux fois bonjour les jours précédant l'entretien de fin d'année...

Générer l'enthousiasme

Honoré de Balzac écrivait dans *Maximes et pensées* (1856) que rien ne se fait agréablement sans entrain : « *C'est un signe de médiocrité que d'être incapable d'enthousiasme.* » Il est sûr qu'on travaille mieux dans l'envie que sous la contrainte ou l'autocensure : la motivation est un puissant levier de performance. La sagesse confucéenne nous l'enseigne depuis des siècles : « *Choisis un travail que tu aimes et tu n'auras pas à travailler un seul jour de ta vie.* »

Le rôle du manager devient le leadership. Le leadership est la capacité à entraîner vers un objectif commun sans utiliser de sanctions ni de promesses : l'art de rendre ses collaborateurs acteurs et non spectateurs. Les managers gèrent le quotidien, les leaders génèrent l'envie et fabriquent l'avenir. Dit par Peter Drucker : « *Management is doing things right, leadership is doing the right things.* » Le manager-leader met en place les conditions dans lesquelles le collaborateur puise ses sources de motivation. Il aide à révéler chez chacun les aspirations qui génèrent du sens au travail et le dépassement personnel. Son job : absorber le stress pour diffuser de l'énergie.

Warren Buffett, en juin 2006, a annoncé qu'il léguait à la Fondation Gates l'essentiel de sa fortune (37 milliards de dollars sur un total de 44)[128] : « *Bill et Melinda, vous faites preuve d'intelligence, d'énergie et de cœur pour améliorer le sort d'êtres humains, quels que soient leur race, leur genre ou leur pays.* » Remarquable compliment que d'associer ces trois composantes qui forment une personnalité complète. Jean-Christian Fauvet, le regretté patron de Bossard Consultants, l'illustrait à sa manière en parlant des trois C : le Cerveau, le Cœur et les... Tripes ! Les managers font souvent preuve d'intelligence et d'énergie, il leur manque parfois le cœur à l'ouvrage, et c'est ce qui fait l'enthousiasme !

Dans notre culture, on dépense plus d'énergie à corriger nos défauts qu'à développer nos talents. Un bon meneur de jeu fait jouer les autres, libère le talent, augmente la puissance, se bat pour, rarement contre.

Les actions sont très concrètes :

— Demander à ses collaborateurs de créer des binômes : chacun dit en une minute tout ce qu'il trouve de positif au sujet de son partenaire et les rôles sont inversés[129]. Vous constaterez la difficulté parfois à parler positivement à un interlocuteur et surtout le bien que cela fait d'écouter tant de compliments !

— N'admettre que des pédagogies joyeuses puisqu'on apprend mieux en s'amusant.

— Féliciter en public, recadrer en privé.

— Dire merci, c'est conclure. Dire bravo, c'est ouvrir. Le rosaire moderne sera de dire chaque jour trois mercis et deux bravos !

— Et faire preuve d'humour, comme je l'ai toujours dit à mes collaborateurs : « *Vous avez beaucoup de chance de travailler avec moi. On finit toujours par ressembler à son chef !* »

Offrons au sémiologue Roland Barthes le soin de conclure cet ouvrage avec une citation que j'ai adoptée comme philosophie de vie. Il définissait, lors de sa leçon inaugurale au Collège de France, la *sapientia*, la sagesse au sens où l'entendaient les Anciens :

Nul pouvoir, un peu de savoir, un peu de sagesse, et le plus de saveur possible.

Conclusion

Le management des organisations et des hommes évolue puissamment et rapidement au XXIe siècle.

1. **L'accélération** fait perdre de nombreux repères. Où est le sens ? Le foisonnement et l'urgence militent pour plus de réactivité, de souplesse et de pragmatisme.

Le manager était un réducteur d'incertitude, il explique l'incertitude, donne confiance et accompagne le changement.

2. **La mondialisation** bouleverse aussi nos référents. L'impératif est de s'aligner sur les performances des meilleurs au monde (les « *best in class* ») ou de se différencier par l'innovation ou le service.

Le manager cadrait le travail, il incite à s'ouvrir, à se comparer aux meilleurs, à coopérer, à aimer servir.

3. **La révolution du numérique** permet l'accès libre et immédiat à l'échange et au savoir. Elle est une source infinie d'efficacité et d'innovations. L'agilité digitale est devenue un impératif.

Le manager était un sachant, il est un communicant. Le manager était le chef dans toute sa verticalité, il anime des réseaux horizontaux de compétences et de pratiques.

4. **La financiarisation de l'économie** a engendré la dictature du court terme et du reporting, précarisé de nombreux emplois, dévalorisé le contenu du travail. Notre monde ne serait-il qu'une marchandise ?

Le manager se focalisait sur les résultats, il partage un défi, véritable ancrage d'équipe.

5. **L'effritement des institutions et des idéologies collectives** individualise les attentes vis-à-vis du travail et relativise toute autorité. Leur pouvoir structurant et normatif disparaît : à chacun sa vision du monde !

Le manager représentait l'ordre établi, il personnalise et contextualise son management.

6. **La féminisation du monde occidental** fait percevoir le travail comme une *praxis* relationnelle. Le masculin l'emporte de moins en moins sur le féminin. Bientôt, les hommes et les femmes seront égales !

Le manager encourageait des valeurs dites masculines (réussite, pugnacité, performance...), il développe aussi l'attention, le dialogue, l'empathie, le soutien.

7. **Le développement durable** dénonce l'hypertrophie de la recherche d'efficacité au détriment de nos environnements. L'entreprise n'est plus seulement face à son marché, mais aussi face à la société.

Le manager gérait son activité dans son coin, il en anticipe les impacts et se doit d'être exemplaire.

8. **La montée de l'émotion sur la raison** appelle à l'intelligence relationnelle et situationnelle. Aujourd'hui, l'émotion n'est plus taboue : son expression permet d'être soi et facilite la mise en mouvement.

Le manager avait statutairement raison, il est proche de ses collaborateurs et tient compte des ressentis.

9. **Le vieillissement de la population** allonge la vie professionnelle et fait cohabiter plusieurs générations. Les jeunes peuvent en savoir plus que leurs aînés.

Le manager capitalisait les savoirs, il socialise les pratiques. Il favorise la collaboration et l'employabilité de chacun.

10. **L'émergence dans les pays riches du droit à la qualité de vie au travail** éloigne du travail aveugle et conduit à une recherche de développement personnel et d'équilibre de vie. Positivons !

Le manager apportait de l'ordre, il est source de vie et d'enthousiasme.

Le management se désindustrialise. Il s'humanise. pour gagner en proximité, souplesse, collaboration. Il ne s'agit plus nécessairement d'être les meilleurs du monde, mais d'être simplement et durablement meilleurs au monde.

Saurons-nous faire évoluer nos organisations et nos managers vers plus d'ouverture, d'agilité, d'attention, de coopération ?

Bibliographie

Voici quelques bons ouvrages sur le management…

Aélion, F., *Manager en toutes lettres*, Eyrolles, 2012.

Albert, É., *Le Management en question*, Eyrolles, 2012.

Alter, N., *Donner et prendre. La coopération en entreprise*, La Découverte, 2009.

Barenski, L., *Le Manager éclairé*, 2e éd., Eyrolles, 2014.

Doly, J.-P., *L'Accordeur de talents – Optimiser la performance d'une équipe,* Dunod, 2012.

Drucker, P., *Management Challenges for the 21st Century*, Harper Business, 1999.

Fontanet, X., *Pourquoi pas nous ?* Fayard, 2014.

Gabilliet, P., *Éloge de l'optimisme : Quand les enthousiastes font bouger le monde*, Saint-Simon, 2010.

Germain, M., *Management 3D : manager au XXIe siècle à l'heure du numérique et d'Internet*, Économica, 2014.

Gomez, P.-Y., *Le Travail invisible : Enquête sur une disparition*, François Bourin, 2013.

Quérat-Hément, X., *Esprit de service*, Lexitis, 2014.

Landier, H., *Dix-huit bonnes raisons de détester son entreprise*, François Bourin, 2012.

Lipovetski, G., *La Culture-monde : réponse à une société désorientée,* Odile Jacob, 2008.

Management PostModerne, newsletters mensuelles, www.management-post-moderne.fr

Morin, E., *Au rythme du Monde*, L'Archipel, 2014.

Obin, J.-L., *Leadership – les grands auteurs*, LeaderInnov, 2012.

Ricard, M., *Plaidoyer pour l'altruisme, la force de la bienveillance*, Nil, 2013.

Rydahl, M., *Heureux comme un Danois*, Grasset, 2014.

Sérieyx, H., *Le choc du réel*, Eyrolles, 2014.

Serres, M., *Petite Poucette*, Le Pommier, 2012.

Thévenet, M., *Les 100 mots du management*, coll. « Que sais-je ? », PUF, 2014.

Annexe

Le Référentiel du Manager

Pourquoi un Référentiel du Manager ?

Le Référentiel du Manager est utilisé par tout membre de la Maison du Management lors d'une journée de formation bilan-action.

L'objectif est de faire le point sur ses pratiques managériales en établissant son ADM, l'AutoDiagnostic du Manager. Une base de données permet aussi de se positionner.

Point de méthode

De nombreux spécialistes du travail s'accordent pour dire que la compétence regroupe trois composantes :

- le savoir (somme des savoirs théoriques et techniques ou connaissances) ;
- le savoir-faire (ou habiletés) ;
- le « savoir-être » (ou qualités personnelles).

L'approche de notre référentiel est d'ajouter à la compétence la motivation ou le vouloir-agir. Car le savoir-agir, s'il est nécessaire, n'est pas suffisant, il faut aussi vouloir. Compétence et motivation sont indissociables :

— Compétence sans motivation génère un management sans âme. Zéro entrain, zéro envie.

— Motivation sans compétence génère un management sans queue ni tête. Zéro efficacité.

Le management est un art. Comme tous les arts, il s'appuie sur des techniques et suppose des dons ou à tout le moins des dispositions. L'expert américain de leadership Warren Bennis précise bien ce double enracinement : « *Il est utile d'apprendre les techniques managériales, mais les compétences de leadership ne peuvent venir que de soi-même.* » Nous aurons donc d'un côté la façon de faire (savoirs et savoir-faire) et de l'autre la façon d'être (« savoir-être » et « vouloir-faire ») : l'art et la manière ! La connaissance et la compétence sont professionnelles et s'apprennent, le comportement et la motivation sont personnels et se cultivent.

En assimilant la compétence au savoir-faire, on obtient une formule qui a le mérite de la facilité de mémorisation :

Plus fort qu'Einstein : E = MC^3 !

Excellence = Motivation × Comportement × Compétence × Connaissance

Structuration du référentiel

Le référentiel proposé s'adresse au cœur de la fonction de tout manager, qu'il soit de proximité, de service ou de direction. Pour un manager de proximité, c'est l'ensemble de sa fonction qui y est décrite.

Chaque manager y ajoutera ses propres objectifs et son environnement international (pratique des langues, management interculturel…).

Un manager de service et un manager de direction y ajouteront chacun deux responsabilités supplémentaires : gérer un service, conduire le changement. Le manager de direction y ajoutera en plus deux autres rôles : diriger une entité, élaborer la stratégie.

Nous distinguons cinq rôles avec des « BPM » (bonnes pratiques managériales) associées : **pilote, animateur, coach, contributeur, leader.** Chaque rôle concerne un domaine d'intervention du manager : l'activité, l'équipe, le collaborateur, l'entreprise (ou l'organisation), l'avenir.

Autres structurations possibles (auteurs) :

- prévoir, organiser, commander, coordonner, contrôler (Fayol, 1918) ;
- gestionnaire, décideur, entrepreneur (EM Lyon) ;
- leader, coach, faciliteur (Éric Albert) ;
- producteur, administrateur, entrepreneur, intégrateur (Mintzberg et Enrègle) ;
- moine, architecte, diplomate (Mark Albion, Harvard) ;
- prévoir, organiser, décider, motiver, évaluer (Haute Autorité de Santé) ;
- piloter, organiser, motiver, manager les compétences (Adie).

Ce référentiel n'est ni une règle ni une norme qui prescrirait les caractéristiques prédéfinies du parfait manager ; la tentation de la rationalité est tellement forte ! Pas d'embrigadement !

Nous concevons ce référentiel comme un socle de repères, une check-list complète de pratiques (exhaustivité bien prétentieuse, ce qui fait dire que ce référentiel évoluera et s'enrichira à l'usage). L'objet est simple : permettre à tout manager d'analyser ses propres pratiques et de les faire progresser.

Notre postulat est qu'il n'existe pas de modèle unique, « processable ». La réussite managériale vient du manager qui comprend chaque personne et chaque situation et agit en conséquence.

L'unicité des individus et la multiplicité des contextes font qu'il ne peut pas raisonner en termes d'équation, mais d'adéquation. C'est lui qui décide d'utiliser telle ou telle pratique, de s'y fier et de s'en méfier aussi.

L'application du référentiel est concrète et vérifiable. Nous avons évité les pratiques difficilement observables. Exemples :

- « *concilier discipline collective et liberté créatrice* » (Gary Hamel) ;
- « *être capable de dépasser ses intuitions par une écoute approfondie et une véritable analyse de système intellectuellement sophistiquée* » (Michel Crozier).

Modalités d'utilisation

Grille d'évaluation, six niveaux de 0 à 5 :

0. Méconnaissance de la pratique, voire de sa nécessité : Je ne sais pas, je ne connais pas

1. Connaissance floue de la pratique : J'en ai entendu parler, je n'y arrive pas, pas bon

2. Début de mise en œuvre : J'ai essayé plusieurs fois, cela reste approximatif et aléatoire

3. Mise en œuvre partielle : Je réussis de temps en temps, mais c'est loin d'être intégré

4. Maîtrise de la pratique : Je le fais systématiquement, c'est opérationnel chez moi

5. Expertise : Je suis exemplaire dans cette pratique et l'améliore en permanence, on me dit que je possède ce talent. (Le talent, c'est ce que vous faites mieux que les autres et toujours avec aisance.)

NSPP : Ne se prononce pas. Exemple de la pratique « Devenir le manager d'anciens collègues ».

L'ADM est un test, en aucun cas une évaluation scientifique. Quatre raisons impliquent une nécessaire distance vis-à-vis des résultats : le biais de l'autoévaluation, le maillage assez lâche de seulement six niveaux d'évaluation, l'absence de pondération des BPM entre elles, l'impossibilité de définir des seuils de prérequis pour certaines BPM (particulièrement pour les « savoir-être » et les « vouloir-faire » qui nécessitent une adaptation permanente à la singularité des personnes et des situations).

Chacun s'autoévalue, se compare à la base de données et à une éventuelle passation précédente, et définit des actions de progrès personnel et professionnel : la *to-be list* et la *to-do list*.

Une segmentation sera possible dès la constitution d'une base de données solide :

- manager de proximité, de service, de direction ;
- sexe, âge ;
- nombre de collaborateurs directs, indirects ;
- ancienneté dans la fonction de manager (dans l'entreprise et avant).

Le Référentiel du Manager

Pilote, organisateur

Il faut en priorité atteindre les objectifs attendus de son entité/activité :

1. Connaître les objectifs attendus de son entité/activité et son niveau de délégation

2. Expliquer l'utilité de son entité/activité, la valeur ajoutée

3. Structurer les rôles et les responsabilités, planifier, organiser le travail

4. Fixer le cadre, définir/rappeler clairement les règles du jeu

5. Respecter chacun et ses ABC (attentes, besoins, contraintes) par rapport au travail

6. Séquencer l'activité, jalonner et suivre : lancement, avancement, bilan

7. S'assurer que chacun dispose des méthodes et moyens adéquats (dont la maîtrise numérique)

8. Suivre et contrôler le travail : tableau de bord, reporting, suivi budgétaire, absences…

9. Faire respecter les process

10. Atteindre les objectifs attendus de son entité/activité

11. Satisfaire totalement ses clients

12. Fidéliser ses clients, créer une relation forte

13. Adapter son management à chacun et à chaque situation : allier rigueur et souplesse

14. Tenir une réunion rapide et efficace

15. Diagnostiquer, prioriser, décider, coordonner, donner priorité à l'action face à des contraintes, être cohérent

16. Fixer un objectif individuel (ou confier un projet ou déléguer une responsabilité : tout ce qui est à faire faire) et suivre : briefing, pilotage, point d'avancement et débriefing

17. Tenir ses engagements, être prévisible

18. Répondre à une critique, un blocage, un refus

19. Recadrer : traiter un hors-jeu, stopper une attitude non acceptable, reprendre en main

20. Anticiper, prévoir

21. Négocier une solution

22. Détecter les gisements de productivité, simplifier, améliorer

23. Travailler en équipe, encourager la controverse positive

24. Réagir face à une baisse de résultats

25. Faire face à une surcharge de travail

26. Gérer une sous-activité

27. Gérer son temps

28. Recruter

29. Muter quelqu'un, savoir se séparer

30. Développer chez chaque collaborateur l'esprit de service

31. Faire appel en cas de besoin à d'autres responsables, savoir demander de l'aide

Animateur

C'est donner de l'âme et rechercher l'adhésion :

32. Évaluer et développer la cohésion de son équipe

33. Faire preuve d'attention au quotidien, de psychologie, prendre le temps d'écouter et d'observer, se montrer disponible

34. Connaître ses collaborateurs et s'intéresser réellement à eux

35. Informer sur l'évolution de l'entreprise, le fonctionnement et les résultats de l'entité/activité

36. Écouter de façon active (deux fois plus qu'on ne parle), encourager une expression en difficulté

37. Limiter sa distance hiérarchique, entretenir des liens de proximité, aller vers les autres

38. Reconnaître et valoriser, mettre en avant les progrès réalisés : le feed-back

39. Identifier les sources de motivation de chacun de ses collaborateurs : la nécessité (argent, conditions de travail, sécurité...), l'intérêt personnel (jeu, défi, plaisir, communauté, épanouissement, progrès, reconnaissance, gloire...), l'utilité sociale (mission, valeurs, devoir...)

40. Célébrer les succès, donner des stimulations positives, dire bravo

41. Associer chacun et favoriser l'esprit d'équipe, la coopération, les échanges croisés, le travailler ensemble, le jouer collectif, la « *capillarité* » (Dorothée Burkel)

42. Co-construire avec les partenaires sociaux

43. Développer le plaisir au travail, la qualité de vie au travail, la convivialité

44. Gérer les émotions, maîtriser l'affectivité, « *faire preuve d'intelligence relationnelle* » (Daniel Goleman) : l'élégance sous la pression !

45. Encourager la diversité : « *l'homogénéité est mortifère* » (Barbara Kellermann), éviter le clonage

46. Communiquer une décision difficile, dire les choses : mots absents, maux futurs

47. Être « assertif », savoir dire non : la minute de courage

48. Pratiquer la communication non violente

49. Gérer des personnalités difficiles : le « jamais-de-sa-faute », le « dénigreur », le « jamais-content », le « c'est-moi-le-meilleur », le « procrastinateur », le harceleur…

50. Gérer des situations délicates : le « toujours-en-retard », le « qui-sent-mauvais », l'alcoolique…

51. Traiter une tension dans l'équipe, un conflit

52. Intégrer un nouvel arrivant

53. Prendre la parole en public

54. Manager une nouvelle équipe, asseoir son autorité, sa légitimité : un manager qui n'est pas cru est cuit !

Contributeur

Servir les intérêts de son entreprise/organisation :

55. Porter et faire comprendre les objectifs de l'entreprise

56. Gérer les ressources de son entité/activité de façon rigoureuse

57. Être le représentant de l'employeur : valeurs d'entreprise, règles de fonctionnement interne, règlement intérieur, obligations légales, conditions de travail, réorganisations…

58. Prendre en compte les ABC (attentes, besoins, contraintes) de ses clients et fournisseurs internes

59. Remonter le point de vue de son entité/activité, rendre compte

60. Capitaliser et diffuser les *best practices*

61. Valoriser son équipe et son activité en interne, tout en promouvant l'intérêt collectif

62. S'impliquer dans les projets transversaux

63. Faire coopérer ses collaborateurs avec d'autres entités/activités

64. Associer son équipe à la mise en œuvre d'une contribution sociale, sociétale et/ou environnementale

65. Véhiculer une image positive de l'entreprise/organisation auprès de toutes les parties prenantes

66. Manager son manager

Développeur de compétences, coach

Pour un manager, réussir, c'est faire réussir !

67. Aider ses collaborateurs à s'adapter, se mettre à leur service

68. Accroître la maîtrise de chacun sur son travail : accompagner au quotidien, former, transmettre, créer des situations apprenantes, tutorer, mentorer…

69. Mener un entretien d'appréciation

70. Traquer les sources de démotivation et les situations d'échec, les traiter, puis les prévenir

71. Traiter positivement une erreur ou une réclamation, rechercher des solutions et accompagner : transformer le pépin en pépite !

72. Donner à chacun le niveau d'autonomie pertinent, le rendre capable de s'autodiriger, libérer les énergies

73. Mettre en confiance, rassurer, éviter la peur qui assujettit

74. Identifier le potentiel de chacun et les voies de son épanouissement professionnel, développer la polyvalence et l'employabilité, donner les moyens de son évolution professionnelle, aider à se dépasser

75. Favoriser le codéveloppement

76. Créer une dynamique de progrès métier : transfert interne de compétences, R&D, benchmark…

77. Valoriser la personne, l'effort, la contribution et pas seulement le résultat

Leader

Inspirer confiance et générer l'enthousiasme :

78. Trouver le sens à l'action, développer une vision/mission/but, partager un défi

79. « Challenger », mobiliser, « *stimuler l'énergie des autres* » (Henry Mintzberg), créer l'engagement de chacun, donner le goût du travail

80. Connaître son style d'autorité, ses atouts et ses vulnérabilités, « *diriger comme on est* » (Laurent Lapierre)

81. Se donner dans l'activité, se dépasser, faire preuve de passion (engagé, mais pas enragé !)

82. Être curieux

83. Se comparer aux meilleurs

84. Être authentique, « *choisir de se déployer soi-même* » (Warren Bennis)

85. Donner envie plutôt que décréter, créer l'émotion

86. Être exemplaire : préférer la contribution à l'attribution, faire preuve d'intégrité, d'honnêteté, ne jamais transiger sur l'éthique ou le sens moral. « *Many people talk their way, a few walk their way.* »

87. Reconnaître ses erreurs : « *Pour recruter, vous devez rechercher trois qualités : l'intégrité, l'intelligence et l'énergie. Et si la première est absente, les deux autres vous tueront* » (Warren Buffett)

88. Être positif, constructif : être confortable avec l'incertitude et valoriser le bon côté des choses

89. S'appuyer sur les points forts de chacun : le bien ira mieux et le moins bien ira moins mal

90. Faire valoir ses arguments, convaincre

91. Accompagner le changement

92. Encourager l'initiative et l'ouverture, « *favoriser l'innovation* » (Tom Peters)

93. Remotiver un collaborateur, remettre en selle

94. Développer son influence, sa qualité de présence personnelle, son charisme, son rayonnement, son réseau

95. Prendre des risques, aller de l'avant, entreprendre

96. Savoir manager d'anciens collègues

97. Préparer l'avenir : « *Un critère de réussite est la prospérité de son activité après son départ* » (Jim Collins) – le contraire du leader toxique

98. Mesurer l'impact de son management

99. Avoir plaisir à manager (j'avais tapé « manger », mais c'est vrai aussi !)

Notes

1. Piketty, T., *Le Capital au XXIe siècle*, Seuil, 2013. Dubet, F., *Inégalités et justice sociale*, La Découverte, 2014. Le Bras, H., *Atlas des inégalités – Les Français face à la crise*, Autrement, 2014.
2. *L'Art du manager – De Babylone à Internet*, Éditions d'Organisation, 1997.
3. Personnes nées approximativement entre les années 1980 et 1990 (Wikipédia).
4. *Massive Open Online Course*, ou formation en ligne ouverte à tous.
5. *Le Silence des cadres, enquête sur un malaise*, Vuibert, 2014.
6. *Accélération – Une critique sociale du temps*, La Découverte, 2010.
7. *Les Échos*, édition du 27 mai 2014.
8. On attribue au sculpteur et peintre américain Alexander Calder l'invention du mobile artistique en 1931 (Wikipédia).
9. 28e convention Amarc du 19 décembre 2012 au siège du Groupe La Poste.
10. http://www.citations.com/citations-de-jean-rostand-/jean-rostand-certitude-servitude---311137-2.htm
11. *Le Monde*, édition du 19 juillet 2014.
12. http://evene.lefigaro.fr/citation/mesure-intelligence-individu-quantite-incertitudes-capable-supp-1852.php
13. Convention organisée par la Maison du Management le 1er avril 2014 : « Y a-t-il un manager dans la salle ? »
14. In *Regards sur le monde actuel*.
15. « The Medium is the message », in *Understanding Media: The Extensions of Man*, McGraw-Hill, 1964.
16. *La Culture-monde : réponse à une société désorientée*, Odile Jacob, 2008, avec Jean Serroy.
17. PriceWaterhouseCoopers, « Le monde en 2050 », ONU.
18. *Le Monde*, édition du 9 juin 2014.
19. Innov'Acteurs est une association fondée en 2002 pour le développement de l'innovation participative dans les organisations (www.innovacteurs.asso.fr).
20. http://excerpts.numilog.com/books/9782212544381.pdf
21. Source : Wikipédia.
22. Les exemples de sérendipité sont très nombreux. Il suffit de consulter la *List of discoveries influenced by chance circumstances* pour s'en rendre compte. Citons la lithographie, le four à micro-ondes, la pénicilline, le Post-it, le Teflon, le Velcro… Au sens

large et depuis les années 2000, c'est l'art de « *trouver autre chose que ce que l'on cherchait* », par exemple, l'Amérique, le Coca-Cola, la tarte Tatin... Et même, par extension, l'art de faire des découvertes ou de trouver des idées originales et inattendues, des trouvailles, même par erreur, comme les Bêtises de Cambrai. Dans le cadre d'une recherche d'information sur Internet, la sérendipité est le fait et le talent de trouver constamment par le biais des liens hypertextuels une grande quantité de choses inattendues mais intéressantes (Web, blog, images, forum, vidéos...) bien que hors sujet de la recherche.

23. *Le Travail créateur. S'accomplir dans l'incertain*, Gallimard/Seuil, 2009.

24. Expression déposée dont je suis très fier ! Le Club Med voulait même la prendre...

25. Conclusion de la fable de Jean-Pierre Claris de Florian, « Le vacher et le garde-chasse », 1792.

26. Pépin, J., Pépin, C., *Platon La Gaffe – Survivre au travail avec les philosophes*, Dargaud, 2014.

27. Quérat-Hément, X., *Esprit de service – Passer du marketing au management de l'expérience client*, Lexitis, 2014.

28. Classement Interbrand 2013.

29. Éditions le Pommier, 2012

30. Les conférences TED (Technology, Entertainment and Design) sont une série internationale de conférences organisées par la fondation à but non lucratif Sapling Foundation.

31. Étude réalisée en 2014 dans le cadre du WISE, le forum mondial sur l'innovation en éducation, et publiée dans *Le Monde* du 10 octobre 2014.

32. In *La Lettre du management post-moderne*, 14 juin 2014.

33. *Enjeux – Les Échos*, édition de juillet-août 2014.

34. Klein, T., Centre d'analyse stratégique, service du Premier ministre, « Le développement du télétravail dans la société numérique de demain ».

35. Rencontres économiques d'Aix-en-Provence du 5 juillet 2014, intervention reprise dans *Le Monde* sous le titre « Les nouvelles institutions économiques du xxie siècle – La révolution numérique crée des organisations hybrides ».

36. In *Le Magazine du Monde*, édition du 26 juillet 2014.

37. *Management 3D : manager au xxie siècle à l'heure du numérique et d'Internet*, Economica, 2014.

38. Étude « À l'écoute des Français au travail », réalisée en 2014 par Capgemini Consulting avec TNS Sofres.

39. Lorenzi, J.-H., Berrebi, M., *Un monde de violences. L'économie mondiale 2015-2030*, Eyrolles, 2014.

40. *Le Portrait de Dorian Gray*, 1891 : « *De nos jours, les gens savent le prix de tout et la valeur de rien.* »

41. « *La première responsabilité d'une entreprise est de satisfaire ses clients. Le profit n'est pas la finalité première, mais plutôt une condition essentielle pour assurer sa pérennité.* »
42. *Misère de la prospérité – La religion marchande et ses ennemis*, Grasset, 2002.
43. *Les Échos*, édition du 1er septembre 2014.
44. Kotter, J. P., « What Leaders Really Do », 2008 (article).
45. *Le Travail invisible - Enquête sur une disparition*, François Bourin, 2013.
46. « Une patronne chevronnée pour Citroën », *Le Monde*, édition du 3 juin 2004.
47. Commissariat général du plan, Gollac, M., Afriat, C., Loue, J.-F., « Les métiers face aux technologies de l'information », La Documentation française, 2003.
48. Congrès SIPAREX, Lyon, 25 novembre 1987.
49. HEC, « L'art du management », version 3, 2007.
50. *Du nomadisme – Vagabondages initiatiques*, La Table Ronde, 2006.
51. *http://management-post-moderne.fr,* 30 août 2014.
52. *Hamlet*, acte II, scène 2.
53. Traduction de l'auteur.
54. http://www.rouxdebezieux.org/2008/10/pouvoir/
55. *Entreprise & Carrières*, n° 1196, édition du 10 au 16 juin 2014.
56. Ehrenberg, A., *L'Individu incertain*, Calmann-Lévy, 1995.
57. *Au rythme du monde*, L'Archipel, 2014.
58. *Le Monde*, édition du 28 mai 2014.
59. Getz, I., *Liberté & Cie, Quand la liberté des salariés fait le succès des entreprises*, Fayard, 2012.
60. *Harvard Business School Press*, 2007.
61. Ou parfois « holacratie ». Cette approche créée par un entrepreneur américain, Brian Robertson, prône le pilotage dynamique qui permet à l'organisation de s'adapter de façon souple et rapide aux changements internes et de son environnement. Il s'agit de quitter la fonction « Prévoir et Contrôler » et de se connecter pleinement à l'actualité de la situation pour réagir en temps réel.
62. Girard, B., *Une Révolution du Management : le modèle Google*, M21 Éditions, 2006.
63. Interview dans *Les Cahiers de la communication interne de l'AFCI*, n° 26, juin 2014, à l'occasion de la remise du prix AFCI 2013 pour son livre *La Force de la différence, itinéraires de patrons atypiques*, PUF, 2012.
64. Lire son livre *Work and the Nature of Man* (1971), dans lequel le psychologue américain démontre que la satisfaction au travail et l'insatisfaction au travail agissent de manière indépendante. Le contraire de la satisfaction n'est pas l'insatisfaction, mais l'absence de satisfaction. De même, le contraire de l'insatisfaction est l'absence d'insatisfaction.
65. *Éloge de l'anormalité*, Plon, 2014.

66. Coubertin, P. de, « Les femmes aux Jeux olympiques », *Revue olympique*, n° 79, juillet 1912.
67. Lire à ce sujet l'excellent livre d'Annie Batlle : *Les femmes valent-elles moins cher que les hommes ?*, coll. « D'égale à égal », Belin, 2014.
68. http://www.skema-bs.fr/faculte-recherche/documents/observatoire-skema-de-la-feminisation-des-entreprises2012-ferrary.pdf
69. Convention FNCD co-organisée avec La Maison du Management le 21 mars 2014 au Sénat.
70. *Ouest-France*, édition du 7 septembre 2014.
71. *Vivre dans un monde multiculturel : comprendre nos programmations mentales*, Éditions d'Organisation, 1994.
72. *La Tyrannie de la faiblesse : la féminisation du monde ou l'éclipse du guerrier*, François Bourin Éditeur, 2010.
73. *Le Figaro*, édition du 27 septembre 2014. Claude Onesta détient le plus beau palmarès du sport français : deux médailles d'or olympiques, deux titres mondiaux, trois sacres européens.
74. « If President Obama Can Get Home for Dinner, Why Can't You? », HBR Blog network, 3 mars 2014.
75. http://www.monde-diplomatique.fr/2004/05/JACQUARD/11175
76. *Capitalisme contre capitalisme*, 1991, Seuil.
77. *Op. cit.*
78. Détrie, P., *L'Entreprise durable*, Dunod, 2005.
79. Le « *say on pay* » est une pratique de plus en plus répandue, depuis les années 2000, qui vise à donner aux assemblées générales d'actionnaires, et non uniquement au conseil d'administration, un droit de vote sur la rémunération des dirigeants de l'entreprise.
80. *Le Droit à la vulnérabilité. Manager les fragilités en entreprise*, Michalon, 2011, avec Thierry Calvat.
81. http://www.journaldunet.com/management/0708/citations-patrons/1.shtml
82. Professeur de comportement organisationnel à ESCP Europe. Contribution à l'ouvrage *Traité de psychologie des émotions* sous la direction de David Sander et Klaus R. Scherer, Dunod, 2009.
83. Fédération nationale Entreprise et Performance qui a pour objectif de favoriser la collaboration et l'harmonie du travail entre le secteur public et le secteur privé.
84. *Donner et prendre. La coopération en entreprise*, La Découverte, 2009.
85. *Plaidoyer pour l'altruisme, la force de la bienveillance*, Nil, 2013.
86. Étude réalisée en juin 2014 par GN Research à partir de 22 000 expériences d'achat de 3 000 personnes.
87. *Le Bonheur paradoxal*, Gallimard, 2006.

88. *L'Intelligence émotionnelle : comment transformer ses émotions en intelligence*, Robert Laffont, 1997.
89. *Essais*, III, 13.
90. En référence à une charte pour développer les clients en interne.
91. *Le Management en question*, Eyrolles, 2012.
92. Discours de l'inauguration de l'Institut, 14 novembre 1888.
93. *Le Mariage de Figaro*, acte V, scène III, 1784.
94. *Journal d'un poète*, 1839.
95. *L'Été*, 1954.
96. *Les Plaisirs et les Jours*, 1896.
97. *Knock ou le triomphe de la médecine* (1923).
98. http://fr.wikipedia.org/wiki/Liste_des_guerres_modernes
99. Liste élaborée lors d'une « *happy hour* » de la Maison du Management.
100. Observatoire Cegos en 2009 auprès de 1 001 jeunes salariés âgés de vingt à trente ans et de 120 DRH.
101. *Jeunes et entreprise*, Éditions d'Organisation, 2002.
102. Guérin, S., *La Nouvelle Société des seniors*, Michalon, 2011, 2e éd.
103. L'écrivain français Jean-Marie Gustave Le Clézio déclare dans la même interview au *Monde* du 13 septembre 2014 : « *Coexister, c'est comprendre ce qui peut offenser l'autre.* »
104. *Digital Natives, Digital Immigrants*, essai publié en ligne en 2001.
105. *Platon La Gaffe*, *op. cit.*
106. *La France dans le monde qui vient*, Éditions de l'Aube, 2013.
107. *Histoire du bonheur en France*, Robert Laffont, 2014.
108. Lire *Bonheur et économie. Le capitalisme est-il soluble dans la recherche du bonheur ?*, coll. « L'esprit économique », L'Harmattan, 2009.
109. *Le Management des seniors*, Eyrolles, 2e éd., 2009.
110. *Les Échos*, édition du 27 août 2014.
111. Étude pour l'Institut Great Place to Work publiée le 13 février 2014.
112. Étude réalisée en 2011 dans 51 pays par BVA-Gallup International pour *Le Parisien* et *Aujourd'hui en France*, confirmée par le baromètre Ipsos The Economic Pulse of the World.
113. http://www.aractidf.org/qualite-de-vie-au-travail-cout-ou-profit-pour-entreprises#sthash.5bkpSob4.dpuf
114. Jaffelin, E., François Bourin Éditeur, 2011.
115. Étude réalisée en mai 2014 auprès de mille salariés de grandes entreprises par Obea-Intraforces.
116. Premier Paris International Management Meeting organisé chez Google le 10 juillet 2014 par la Maison du Management.

117. Enquête Ipsos-Edenred 2014 menée auprès de 8 000 salariés européens sur « Le bien-être et la motivation ».
118. La Fontaine, J. de, « L'œil du Maître », Fable 21, Livre IV, 1668.
119. Collignon, P., Vander Vorst, C., *Le Management toxique*, Eyrolles, 2014.
120. Définition de l'association Entreprise & Convivialité co-créée en 2003 (www.entreprise-et-convivialite.com).
121. Rapport Unesco de la Commission internationale sur l'éducation pour le XXIe siècle.
122. http://www.entreprise-et-convivialite.com/wp-content/uploads/2013/02/Referentiel_EC.pdf
123. Discours au Parlement européen le 2 juillet 2014.
124. *Éloge de l'optimisme – Quand les enthousiastes font bouger le monde*, Saint-Simon, 2010.
125. Albin-Michel, 2005.
126. Baromètre du bien-être au travail des Français, *Tribune*/Ipsos, 2014.
127. Selon l'expression d'Hubert Landier, expert en relations sociales.
128. Warren Buffett ne donnera que 50 millions de dollars à chacun de ses trois enfants : « *Une personne très riche doit laisser suffisamment à ses enfants pour qu'ils fassent ce qu'ils veulent, mais pas assez pour qu'ils ne fassent rien.* » Encore qu'avec 50 millions d'euros placés, même à 1 %, une rente de 500 000 euros par an autorise une grasse matinée à vie et à plusieurs !
129. Exercice proposé par Jacques Laub, spécialiste de l'Attitude Intérieure Positive. J'ai expérimenté la force et l'impact de ce flux d'énergie positive lors d'un discours prononcé pour le départ d'un de mes directeurs. Alors que je retraçais avec sincérité ses mérites indéniables et partagés, un consultant s'est exclamé : « *Mais pourquoi faut-il attendre le jour de son départ pour se dire de tels compliments ?* »

Index

Achevé d'imprimer :
N° d'éditeur : 5031
N° d'imprimeur :
Dépôt légal : décembre 2014
Imprimé en France

www.ingramcontent.com/pod-product-compliance
Ingram Content Group UK Ltd.
Pitfield, Milton Keynes, MK11 3LW, UK
UKHW051116220726
13924UKWH00008B/2263